MEURTRE À LOISIR

Né à Paris, en 1928, dans une famille de magistrats, professeur d'histoire, Monteilhet s'est d'abord rendu célèbre avec une série de romans policiers : *Les Mantes religieuses* (1960), Grand Prix de Littérature policière, *Le Retour des cendres* (1961), *Mourir à Francfort* (1975). Citons également *La Part des anges* (1990). Tous frappent aussi bien par leur écriture, brillante et incisive, que par l'intelligence et la subtilité de leurs intrigues. Plusieurs d'entre eux ont d'ailleurs été portés à l'écran.
Monteilhet commence sa carrière de romancier historique en 1982, avec *Les Derniers Feux*, un roman sur l'Inquisition. En 1984, il publie son fameux *Neropolis*, ouvrage consacré à la Rome de Néron et aux premiers chrétiens et, en 1988, *La Pucelle*, consacré à Jeanne d'Arc. En 1992 paraît *Eudoxie ou La Clef des champs*, où il traite de l'éducation des filles et de la condition féminine dans les dernières années de l'Ancien Régime. C'est le premier volume d'une grande série romanesque, *Les Mémoires de la comtesse de Launais*, qui se poursuivra sous la Révolution, l'Empire et la Restauration.
Il vit actuellement à Dax où il s'enorgueillit de tenir la chronique gastronomique du journal *Sud-Ouest*.

Paru dans Le Livre de Poche :

LA PUCELLE.
LA PART DES ANGES.
MOURIR À FRANCFORT.
LE RETOUR DES CENDRES.
LES MANTES RELIGIEUSES.

HUBERT MONTEILHET

Meurtre à loisir

ROMAN

DE FALLOIS

LE MONOLOGUE

C'est gentil à Bertier de m'avoir donné Carole comme infirmière de jour. L'expression me plaît : « infirmière de jour », qui sonne comme un compliment. À croire que c'est le jour qui se fait soigner par plus lumineux que lui! Et de fait, le jour lui va bien à la peau, à cette Carole : peau de lait, taches de rousseur sur le nez, mèches somptueuses qui s'échappent de la coiffe et qu'elle remonte d'un geste qui lui découvre le roux de l'aisselle. Quand Carole se penche sur moi le matin, je renifle une pénétrante odeur de rousse fraîchement lavée. J'apprécie moins l'odeur trop accusée des après-midi. C'est pourtant un morceau de roi que cette fille, un morceau de roi roux qui s'exciterait comme un lévrier à des mariages d'odeurs fortes.

Avec moi, Carole est très impersonnelle. Mon corps est pour elle un travail. Qu'elle me fasse la barbe ou qu'elle évacue mes petits besoins, c'est le même doigté. J'ai peine à accrocher ses yeux bleus profonds, couleur de mer tropicale Metro-Goldwyn, qui glissent sur mon visage comme ils ont glissé sur tant d'autres.

Lorsque je vois Carole si froide, si nette, si précise, telle une religieuse laïque, il me faut un effort pour l'imaginer nue sous sa courte blouse blanche, son poil d'été tout électrisé par les Amours. Il me faut un effort plus grand encore pour l'imaginer aux bras de Bertier, dans le cagibi de garde d'à côté. Je dis « aux bras », c'est « aux mains » qui conviendrait. Bertier n'est pas un sentimental. Il a déjà sauté les infirmières de la polyclinique qui en valaient la peine... ou qui n'en valaient guère la peine. Quand la bête est en chaleur, elle n'est pas difficile. Bertier est une force de la nature, qui se répand au hasard sans se poser plus de problèmes qu'un sapajou.

Mon cher confrère met à profit ses visites à mon chevet pour tâter – ou retâter? – de Carole dès qu'il n'est pas trop pressé.

Avant-hier, dix minutes après la sortie de Bertier, j'ai manœuvré l'interphone qui communique avec le réduit de la fille, pour la prier de me changer un Prix Goncourt contre un *Astérix*. Ce que j'ai entendu par hasard m'a laissé sans voix sur le coup. Dans le cagibi où l'appareil avait été oublié en position ouverte, ma digne Carole, qui s'était oubliée comme l'appareil, répétait tout essoufflée, au rythme d'un remue-ménage suprêmement agaçant pour un homme dans mon état : « Encore! Encore! Je t'aime! Je t'aime!... »

J'ai eu le bon esprit de m'en amuser un instant, puis j'ai crié dans l'interphone : « Bravo, Carole! Courage! Vous n'avez pas le cul dans le plâtre, vous, au moins! »

Quand on est le principal actionnaire d'une clinique de province qui fait de l'or, il est permis de réagir devant certains sans-gêne.

Une main – celle de Bertier, je suppose – a coupé aussitôt la communication, me réduisant aux hypothèses quant à la suite. Mais je parie que le plaisir de Carole n'était pas sans mélange.

Un quart d'heure plus tard, Bertier entrait dans ma chambre en coup de vent, portant aussi beau qu'à l'ordinaire, très à l'aise, un petit sourire de complicité masculine au coin des lèvres. J'ai remarqué pour la première fois qu'il avait des reflets roux sur les tempes.

Il s'est approché du lit à grandes enjambées, a tapoté mon plâtre du bout de ces ongles carrés qui venaient d'égratigner les mystères de Carole, et il m'a dit : « Faites-moi confiance, mon vieux! Vous vous y remettrez vite! Votre femme se dessèche... » Et de s'en retourner comme il était survenu. Jamais démonté, ce Bertier! Toujours le mot de la situation à la bouche!

J'ai rappelé Carole pour réclamer mon *Astérix*. Elle a fini par apparaître, la démarche alanguie, l'album sur son cœur, les joues pivoine.

Mais ce n'était pas le rouge de la confusion. J'ai risqué une plaisanterie sur les Gaulois de Goscinny et Uderzo – ces modèles de chasteté, contrairement à toute expérience historique – et Carole a laissé exploser tout d'un coup la colère de rousse qui lui était montée au visage.

Je me suis fait proprement engueuler. Elle ne m'en avait pas dit si long depuis le soir où je l'avais embauchée, toute souriante, deux ans plus tôt. D'abord, avec un à-propos admirable, elle m'a fait honte de mon indiscrétion. Puis, se rappelant qu'elle était majeure et syndiquée, elle a élevé le débat, plaidant pour le droit de la prolétaire à l'amour durant les moments creux du travail. C'était inattendu à ce point que j'en ai éclaté de rire, tandis que l'inconsciente balbutiait de rage. Heureusement que la chambre est insonorisée!

Le mieux, devant une nouvelle preuve que l'esprit de la jeune génération n'est plus celui d'autrefois, c'est de rompre les chiens sans apparente ironie. Je me suis donc excusé. Carole a pris avantage de mes regrets, et a bien voulu me lancer, du pas de la porte, une flèche de Parthe assez bon enfant : « Je crois que vous regrettez surtout, docteur Simay, de ne pas être à la place du docteur Bertier. Mais le monde ne va pas s'arrêter de tourner parce que vous avez eu un accident d'automobile. Vous devez vous faire une raison... »

Il y avait en fin de compte une certaine pertinence là-dedans.

Hier, douzième jour d'immobilisation, j'ai demandé du papier et un stylo à une Carole qui avait retrouvé sa démarche nerveuse et son front lisse. Elle n'était pas enthousiaste de mes projets littéraires. J'ai dû promettre de ne pas salir les draps durant les moments creux de mon travail. Du moins, Carole m'a-t-elle prêté son propre stylo, un Waterman en or qui lui vient peut-être de Bertier.

Et aujourd'hui, 31 juillet 1968, j'ai tué le temps aux frais de cette impudente créature. Il me semble que l'immobilité rend observateur.

2 août.

Impossible de dormir cette nuit ! Si je coupais la climatisation, il faisait trop chaud. Si je la remettais en marche, le ronronnement me poursuivait. Je me suis lassé de jouer avec la télécommande et j'ai réveillé mon infirmière de nuit afin d'obtenir un soporifique. Bertier craint les courants d'air pour mes bronches fragiles et interdit catégoriquement de laisser la fenêtre ouverte.

Encore une blouse blanche, encore une coiffe blanche : c'est tout ce que mes deux infirmières ont de commun.

Mon infirmière de nuit est brune comme le clair de lune, svelte comme le charmant coucou des bois de mon enfance, et porte une petite poitrine de jeune fille que les lendemains de la trentaine n'ont pas abattue. Elle ne marche vraiment que de la jambe gauche. L'autre, que la polio a jadis préférée, glisse parallèle à la canne qui l'affermit.

Ma femme avance buste bien droit, toute raidie de volonté, ne s'autorisant que le déhanchement minimal. Chez Christine, selon l'heureuse formule que j'ai lue quelque part, ce n'est plus le corps qui abrite l'âme, c'est l'âme qui enveloppe le corps. Je n'ai jamais pu la voir marcher sans admiration ni tendresse. À plus forte raison suis-je ému de sa silhouette du soir et du sacrifice de ses nuits. Il n'y a pas beaucoup de femmes qui auraient tenu, comme elle, à veiller leur mari dans des conditions aussi inconfortables.

J'ai trouvé Christine pâle, les yeux battus, ces yeux qu'elle avait dans les premiers temps de notre mariage, toutes les fois que son tempérament avait reçu satisfaction. On dit que la boiteuse a des exigences particulières : je serais porté à le croire si j'en juge par la mienne.

J'ai plaisanté Christine sur ses yeux battus...

– Oui, m'a-t-elle dit, il faut maintenant que tu sois paralysé pour que je prenne une tête d'amoureuse satisfaite !

Il y avait une telle amertume dans sa voix que j'en ai eu un choc. Elle ne s'était pas plainte d'être négligée auparavant. Il est vrai que les femmes – surtout celles dont les charmes sont médiocres – ne se plaignent guère de ces choses-là. Elles ont bien tort. Avec un peu plus de franchise, elles obtiendraient quelques suppléments.

On est mal venu à faire des promesses quand on a le bassin et les deux jambes dans le plâtre. J'ai avalé mon cachet, et j'ai renvoyé ma pauvre Christine à son cagibi. Je la soupçonne de faire de l'insomnie de son côté, quoiqu'elle ne veuille pas l'avouer.

4 août.

Dimanche. C'est du moins ce que prétendent mon transistor et la volumineuse édition dominicale de *Sud-Ouest*, qui dit encore des méchancetés sur le gouvernement. Phrase plaisante page 4 : « La pire des bénédictions peut toujours laisser place nette à un moindre mal. » Ces gens-là ne connaissent pas la trêve du Seigneur.

Je me demande quand j'ai perdu la foi... Au fond c'est peut-être Dieu qui m'a perdu. Il est comme les médecins : si occupé ! En tout cas, je ne suis pas athée militant : la religion ne me rattrapera jamais par le travers de ce ridicule.

5 août.

L'important est de ne pas souffrir, de ne pas être inquiet. Or Bertier est sans inquiétudes, et je ne souffre pas. Ce Bertier est décidément un praticien remarquable, doublé d'un manipulateur, ce qui est rare. Il pelote les vertèbres et les fémurs comme des filles. Ce matin, il m'a encore garanti que je ne souffrirai pas et que je serai debout vers la date prévue. Il est vrai que des fractures réduites et plâtrées comme il faut sont le plus souvent indolores.

Carole est venue me raser deux minutes après le départ de Bertier. Cette fois, ils ont fait de l'amour platonique ou du « blitz ».

6 août.

J'ai été en proie à une angoisse stupide sur la fin de la nuit, et j'ai appelé Christine. Elle a posé sa main étroite et fine sur mon front, m'a fixé jusqu'à ce que ça aille mieux...

(Je m'étonne encore de la manière dont Christine regarde son monde en face, malgré un léger strabisme de ses beaux yeux verts. On a l'impression d'être considéré plutôt deux fois qu'une.)

Au bout d'un moment, pour la remercier, j'ai murmuré les quelques vers que j'avais composés en son honneur, lors de nos fiançailles, les premiers et les derniers de ma vie, sans doute. Je n'ai pas récidivé, car tout le monde les avait trouvés horribles...

Yeux qui ne peuvent se distraire
Sans aller trahir leur aimant,
Yeux qui se cherchent pour me plaire
Crainte de perdre leur amant,
Si votre flamme est arbitraire
Ce n'est que pour me fixer mieux.

Laissons, mon cœur, les jaloux braire
Sous des regards mélodieux!
Dans la nuit qui louche en silence
Vers le petit jour ombrageux,
Tout sourcilleux de convergence
Nos corps iront comme tes yeux

À l'abordage en mousquetaire
Se querellant sans s'acquitter,
À la dérive en solitaire
Toujours distants sans se quitter.

Moi, je trouve ce poème charmant. J'épousais une fille qui louchait un peu – entre autres. Il me semble que j'étais encore bien bon de rimer là-dessus... Christine, d'ailleurs, s'est montrée plutôt flattée de la chose autrefois. Elle était certes la seule à me soutenir, mais il est connu qu'en matière d'art, ce n'est pas la démocratie qui fait la loi.

Ma Christine de cette nuit s'est détournée pour cacher son émotion, et elle est partie comme un oiseau, sur une patte de bambou, sa longue et stricte chemise balayant le sol par saccades.

8 août.

Les premiers jours d'immobilisation, on goûte un certain plaisir, le choc passé, à être comme un jouet démantibulé dans son coin. On devient irresponsable avant l'heure. On rend la main. On découvre, après trente-neuf ans d'agitations de plus en plus fébriles, que le monde paraît fonctionner à merveille avec un homme de moins, si aimable soit-il.

Mais cette sorte de week-end léthargique est bref. Bientôt, la partie libre du corps exige un minimum d'activité. La radio est inaudible la plupart du temps, la lecture, à double tranchant : on s'évade d'un côté, on se sent plus passif encore de l'autre. J'ai occupé enfin à griffonner, à dessiner, des mains qui me démangeaient, et j'y éprouve une satisfaction plus vive que prévue, peut-être parce que les caractères, les lignes, dansent pour moi seul sur les feuilles.

Je suis à un tournant de mon existence, j'ai besoin de faire le point, et je n'en aurai plus le loisir d'ici longtemps si je ne profite pas de l'occasion. Or le mécanisme de l'écriture clarifie les idées. Mais quand un homme de mon âge fait sincèrement le point, la face de la convention se voile. C'est loin d'être désagréable. Le plaisir de phraser relève du cabotinage ou de l'onanisme – encore que quelques-uns parviennent à combiner les deux. Ce journal, qui ne saurait être divulgué, me rajeunit. Je vais jouer à me faire scandale du fond du cœur, et je devine déjà que certains scandales me surprendront. Ni par leur nature ni par leur intensité, mais probablement parce qu'ils vont m'apparaître là où je ne les attendais point.

Je range le produit de mes distractions dans le tiroir de ma table de nuit. Avant de m'endormir, je donne un tour de clef et je fourre la clef sous mon oreiller. Quand on a retapé la polyclinique, c'est moi qui ai insisté pour que le tiroir de la table de nuit fermât à clef dans les chambres de luxe. Je bénéficie enfin de ma précaution. Et quand je m'en irai d'ici, je bénéficierai encore de l'incinérateur du sous-sol.

Il y a de quoi avoir la plume légère... Non pas dans le mauvais sens du terme! J'écris comme un ange sur la face des nuages que les hommes ne voient jamais.

Dessiné hier nu de Carole et nu de Christine. L'un de mémoire, l'autre par intuition. Christine à cheval sur sa canne, et Carole, sur un balai. J'étais aussi doué pour le dessin que pour la poésie!

9 août.

À y bien réfléchir, je crois que tous mes ennuis découlent d'un excès de sensibilité. Mais je ne suis guère sensible qu'à ce qui se voit, à ce qui se touche, à ce qui se flaire... Il est étrange d'allier à un esprit si abstrait une sensibilité si concrète. Je n'en suis pas autrement fier. On peut me massacrer sept cents millions de Chinois pour le petit déjeuner, on peut y rajouter les Indous pour l'apéritif.. ça ne me coupera pas l'appétit. En revanche, mon souvenir d'enfance le plus atroce : un pâle voyou écrasant du bout pointu de sa chaussure une petite souris couinante contre un rail de tramway. Quand les entrailles ont giclé sur le métal, j'ai perdu connaissance.

Plus tard, le besoin, le plaisir de soulager autrui m'ont poussé vers la médecine, mais j'ai dû renoncer aux années de spécialisation chirurgicale : je serais mort d'émotion avant d'avoir tué mes clients.

À la Fac de Bordeaux, j'ai fait sans me flatter – pourquoi irais-je me flatter? je suis seul – de bonnes études. Et ça n'a pas été faute de m'être occupé de filles! Je leur ai consacré beaucoup de temps. Mais je m'y intéressais déjà à ma façon, qui n'était pas celle de la plupart. J'ose dire – je puis oser! je suis seul – que j'apportais à mes amours des délicatesses particulières. J'étais avant tout curieux du beau sexe et soucieux de lui donner satisfaction, comme un géographe s'attache à la forêt vierge qu'il pénètre pour la mieux comprendre et faciliter son défrichement à d'autres. J'aimais la dissection des filles sur le marbre de la salle d'anatomie, où elles livraient leurs derniers petits secrets. J'aimais les préliminaires des salons de thé du quartier Sainte-Catherine avec d'autres filles aux parfums différents, qui se demandaient des heures, devant des marbres différents, tournant leur petite cuiller dans leur tasse, si elles allaient coucher, quand et avec qui. Les ultimes formalités, auxquelles les filles attachent, d'habitude une importance si dramatique, me passionnaient par la manière originale dont chaque cas me faisait vibrer, par ce qu'il me révélait de psychologie sur les dessous féminins. Je m'étais vite rendu compte que les positions du corps sont moins nombreuses et plus banales que celles du cœur ou de l'esprit : l'homme respire les dessous qu'il mérite.

Les entraînements de ma sensibilité, mon goût du savoir, étendaient mes recherches au-delà des plus jolies filles. Les laides – pourvu, bien sûr, qu'une grâce imprévue excitât mon imagination et mes réflexes élémentaires – n'étaient pas à l'abri de mes hommages. Il arrivait qu'un rien me fît jeter le gant : chaleur d'un regard, pureté d'un profil, nostalgie d'un sourire, galbe d'une encolure, promesse timide d'un corsage, promesse plus franche d'un derrière primesautier... Dès qu'on y observe d'un peu près beaucoup de laides se font désirables.

Sans dire que je faisais des laides ma pâture préférée, j'avoue que j'ai connu parfois en leur compagnie des plaisirs spécialement vifs. Avec le recul des ans, je me les explique mieux aujourd'hui...

Il me semble que la laide se recommandait surtout à mes soins par le fait que, dans le Bordelais des années cinquante, elle était vierge plus souvent qu'à son tour – à condition d'être sélectionnée dans la bourgeoisie. Chez les primitifs, au contraire la laide vaut quelques brebis de moins, et elle est la providence des mâles qui ont eu des malheurs avec leurs moutons. Mais dans les milieux convenables des pays civilisés, une relative disgrâce est encore de nos jours – si j'en crois mon expérience médicale – le plus sûr refuge de la vertu anatomique.

Or je ressentais à l'époque une joie privilégiée,

une excitation *sui generis à* faire la cour à des vierges. Pour une même dépense d'énergie, j'avais droit à des phrases, à des contacts plus émouvants. Je collectionnais des instants uniques de la vie d'autrui, que j'appelais à l'existence tel un démiurge, des instants qui m'avaient attendu pour surgir, qui fussent demeurés sans moi dans un perpétuel néant, ou qui eussent pris alors des aspects moins achevés.

Et si parmi toutes les vierges disponibles que les saisons faisaient fleurir, j'avais un faible pour la vierge laide, c'est peut-être qu'une laide paraît plus vierge qu'une autre. Les désirs vulgaires ne se sont point posés sur elle comme des mouches à la devanture d'un boucher.

Les vierges laides le devinaient assez vite que j'étais là pour les mettre une bonne fois sur le chemin de la vie, que j'étais en somme à prendre ou à laisser, et qu'il fallait se décider vite, car d'autres, non moins méritantes, patientaient non loin, dans le douloureux espoir d'un miracle, faisant sur place leur pèlerinage à la Lourdes des désirs inassouvis.

Et c'était, chez ces filles, des hésitations sublimes, des naïvetés savoureuses, des maladresses palpitantes, des éblouissements rares, des abandons d'une qualité à nulle autre pareille.

On peut tout exiger décemment d'une laide qui fait le grand saut les yeux fermés, ce qui n'est pas un mince avantage. Mais le plaisir le plus vif, pour un garçon sensible, est encore de corriger des injustices latentes, de veiller en personne à ce que les malveillances d'une nature aveugle ne portent point toutes leurs conséquences désespérées.

J'étais si heureux de mes pratiques et de mes découvertes, que je me suis efforcé de convaincre des amis. Les vierges laides étaient si nombreuses que je ne pouvais suffire à la tâche, et il n'y avait aucune raison pour que le fruit de mes expériences fût incommunicable.

Il me revient qu'un soir où je devais être un peu gris, j'avais imaginé tout un système : nous aurions constitué une cagnotte en jouant au bridge; à la fin de chaque trimestre nous aurions comparé les photos de nos conquêtes; et celui qui aurait baisé la plus moche aurait enlevé la cagnotte...

L'égoïsme, le défaut de sensibilité profonde sont si répandus que je n'ai guère été suivi. Quelques types affreux ont paru vaguement intéressés. Mais à quoi bon se donner du mal pour accoupler des laides avec des affreux? C'est une chose à laquelle elles arrivent toutes seules de temps en temps.

Le sommet de ma jouissance était au contraire dans le plus parfait contraste.

10 août.

Visite de politesse de Friquet en début d'après-midi. Il m'a fait compliment sur ma mine, est allé jusqu'à me tâter le pouls. Il est préférable qu'il n'aille pas plus loin puisqu'il est gâteux.

Un gâteux est pourtant bien nécessaire dans une polyclinique à Caudégnan-sur-Garonne. La gérontologie nous apprend que les vieillards sont légion et que le gâteux – c'est justement à cela qu'on le reconnaît – préfère être soigné par un autre gâteux. Le fait que le médecin n'a rien appris depuis 1925 est rassurant pour une grosse clientèle, qui voit dans cette stagnation mentale le sommet de l'expérience. Friquet réalise sans se presser un chiffre d'affaires étonnant. Il lui suffit d'attendre qu'on vienne à lui, comme une araignée au centre d'une toile où s'abattent des masses d'insectes épuisés. En tout cas, il n'est pas dangereux... pour la clinique. C'est un prudent, qui ne tuera jamais que par défaut. Mais il vaut mieux laisser disparaître cinquante cacochymes par de discrètes négligences que d'en expédier un seul *ad patres* par un remède de cheval.

Friquet a d'autant plus de succès que c'est un homme du pays, ancien propriétaire de la clinique, un homme qui connaît tout le monde. Il est parfois bon de conserver une vieille pièce dans un ensemble neuf. C'est mon beau-père qui a persuadé Friquet de rester en activité avec 33 % des parts dans l'association, réalisant ainsi, tout compte fait, une économie intelligente. Quand mon Friquet prendra enfin sa retraite, je lui rachèterai ses parts avec les bénéfices faits depuis dix ans, depuis qu'il m'a permis de donner un coup de balai dans son édifice poussiéreux. Mais rien ne presse. Friquet, c'est la clientèle assurée des copains de catéchisme, de collège ou de régiment, qui accouraient jadis lui avouer leurs chaudes-pisses, et qu'il soutient à présent dans le dernier stade de la vérole en leur distribuant de l'aspirine.

Friquet a désiré voir mes radios, que Carole n'avait pas sous la main. Il n'a pas insisté. Mais avant de sortir, il a murmuré quelque chose à l'oreille de mon infirmière, qui a fait un air entendu.

La porte refermée sur le personnage, Carole et moi avons échangé un sourire. Le docteur Friquet lui avait évidemment recommandé de me passer la verge à l'eau de Cologne tous les matins. C'est une des marottes hygiéniques de ce thérapeute antédiluvien que de passer à l'eau de Cologne depuis quarante ans toutes les verges de la région, à la grande joie des parfumeurs et des dames les plus complaisantes.

11 août.

Un jour d'août 1955, j'ai rencontré ma chérie brune en Thrace, à Édirne. Je ne sais plus quel jour... Mais le point serait facile à vérifier : c'était le jour où les Turcs fêtaient l'anniversaire de leur victoire de Dumlupinar, avec tout ce qu'il fallait de lupanar et de pinard pour que ce fût de première bourre. Je suis très sensible aux atmosphères chaudes et colorées...

La fête était magnifique : partout des drapeaux, des chars, des canons, des officiers maigres que des soldats encore plus maigres regardaient avec dévotion. Sur les places, l'armée avait dressé de vastes tentes, où une extrême variété de matériel de guerre était exposée à la curiosité enthousiaste d'une foule en casquette – les visières sur la nuque, pour ne point gêner la vue du Ciel toutes les fois que le croyant avait quelque chose à lui dire. La caserne de cavalerie était ouverte au peuple, qui festoyait dans la cour, servi par la troupe, à côté de fusées américaines sur leurs berceaux. L'armée et le peuple étaient visiblement comme cul et chemise. Extraordinaire !

Tandis qu'on vidangeait ma voiture malgré la fête – mais gratis parce que c'était fête – je me suis promené par les rues grouillantes d'uniformes et de casquettes rétroverties, jusqu'à un spectacle pitoyable : une grosse Fiat noire en panne dans la poussière et le soleil, capot relevé; et affessée à sa Fiat, une fille maigre qui avait l'air vierge à ne plus en pouvoir.

(Affessée : *id est* « les fesses posées contre ». Néologisme d'autant plus utile qu'il ferait avec « affaissée » et « à fesser » une confusion, qui ne pourrait être verbalement dissipée que par des exercices de diction sévères. C'est l'esprit de facilité qui tue une langue au vocabulaire déjà pauvre.)

Cette trouvaille m'a épuisé.

11 h 45 du soir.

Insomnie. Plutôt que de déranger Christine, autant déranger son souvenir. Au bout de quelque temps de mariage, d'ailleurs, ce n'est plus une femme qu'on a en mains, ce sont des souvenirs qui fuient entre les doigts.

Elle était donc affessée à sa voiture, le dos rond, tête basse, grattant la terre battue du bout de sa canne, qu'elle suivait des yeux. À distance respectueuse, un groupe de Turcs accidentellement en civil observaient la scène avec patience et sympathie.

La Fiat étant immatriculée dans la Gironde, je m'en suis rapproché, pour vérifier de plus près si la propriétaire était baisable. J'emploie cet adjectif faute de mieux, le français n'en ayant pas encore trouvé d'autre pour exprimer la même nuance. C'est la paresse des habits verts de l'Académie, roupillant depuis des siècles sur leur Dictionnaire, qui encourage la langue verte. Ces gens-là voudraient nous condamner à la périphrase sous prétexte qu'ils ont du temps à gaspiller.

La postulante avait heureusement choisi la monture de ses lunettes, mais la chevelure tirée en chignon ne cadrait pas avec la morphologie de la face, et la robe, d'un vert rébarbatif, aurait pu mettre en valeur avec plus de talent des avantages déjà minces.

Il y avait de quoi soupirer. Plus les filles auraient besoin d'artifices, moins elles s'en soucient. Elles s'abandonnent à une résignation bouleversante parce que prématurée, comme si elles ignoraient tout de ces lois sournoises qui régissent les désirs antagonistes. Il leur suffirait d'un parfum, d'un maquillage, d'une nuance de cheveux, d'un effet de jupon, d'un simple mot pour réveiller chez tel ou tel passant telle ou telle race de cochon rose qui rêve confusément à de nouvelles saignées, et elles s'anéantissent entre deux sexes jusqu'à ce qu'on les y oublie.

J'étais alors en avant-dernière année de médecine et mon penchant pour les vierges avait faibli peu à peu, sans que j'en prisse trop conscience. J'ai failli me détourner.

Mais la fille s'est redressée tout d'un coup, et a levé vers moi un long visage intelligent qui m'a beaucoup séduit.

Les yeux, notamment, m'ont fasciné, et par leur feu, et par leur étrangeté.

J'avais eu l'occasion, à mon hôpital de Bordeaux, d'approcher une tuberculeuse rénale, qui faisait depuis peu un sarcome du sein. Le moral de la malade a été ruiné par un rhume inattendu. « C'est trop! C'est pas juste! » répétait-elle, et on ne savait que lui dire à propos de ce rhume.

Il est non moins évident qu'une fille qui boite ne devrait pas loucher si peu que ce fût. C'est vraiment abusif! Surtout quand le reste est fort passable...

Par bonheur, une vertu est plus fugace qu'un rhume! J'ai ressenti sur-le-champ les symptômes d'une vocation nouvelle, comme l'attrait d'une dernière B.A. pour le scout qui pose les culottes courtes de la jeunesse et enfile le pantalon des adultes. Si je ne traitais pas cette fille dans les formes, qui le ferait jamais à ma place et aussi bien? Elle risquait de périr sur le gril d'une maussade innocence, en s'imaginant à tort que tout le sel de la vie lui avait échappé. Un visage d'une telle distinction méritait d'être éclairé par l'amour quelques instants.

Et puis, au diable les bonnes raisons ! La fille me plaisait assez pour que je prisse plaisir à m'en occuper – d'autant plus que les demoiselles bulgares, terrorisées par la plus abjecte des polices, ne m'avaient montré au passage que leur derrière. J'étais sur ma faim.

Je me suis rapproché encore, et j'ai offert mes services. Nous avons naturellement parlé de mécanique, moi sur le ton le plus doux, comme j'eusse discouru de mécaniques féminines, elle de sa voix un peu rauque qui me remue toujours, mais qu'elle contraignait à la réserve, et presque à l'indifférence.

Les laides ajoutent à leurs disgrâces celle de n'être point aimables avec les hommes. Elles tremblent qu'une ébauche de sourire ne soit interprétée comme une avance et qu'une soudaine grimace de leur vis-à-vis ne les couvre d'une honte affreuse. Elles ont des réactions d'écorchées.

Elles se méfient d'ailleurs *a priori* des beaux garçons, persuadées qu'ils ne sont pas pour elles, qu'ils ne peuvent que les faire souffrir d'une manière ou d'une autre, et leur premier instinct serait plutôt de détaler, telles des guenons à l'arrivée d'un Tarzan.

Il faut une prudente tactique pour vaincre ces préjugés, ne pas craindre, à l'occasion, d'apprivoiser l'animal sans se presser si l'on veut gagner du temps.

Je me suis donc fait d'une froideur turinoise pour dire ce que je pensais des techniciens de chez Fiat...

Dans ces années-là, ils avaient travaillé à mettre

au point un modèle qui s'arrêtait automatiquement de fonctionner par temps chaud, et ils avaient résolu ce problème avec une élégance, une simplicité, une économie dignes de la maison. Pour aboutir à un résultat aussi étonnant, il suffit de monter le carburateur suffisamment près du bloc moteur. Quand le carburateur, chauffé à blanc par le bloc, monte à la température prévue par l'usine, l'essence s'y vaporise et le moteur cale aussitôt.

Mais l'ultime astuce, là où l'on juge des vraies capacités, c'était le redémarrage automatique, découvert par un ingénieur corse. Le client s'asseyait au bord de la route et attendait que son carburateur refroidisse : dès qu'il était redescendu à la température idoine, le moteur repartait comme un charme, pour aller caler un peu plus loin.

En somme, pour épargner 50 lires de tuyauterie, les joyeux farceurs de Turin avaient créé une voiture qui marchait sur le principe du thermostat.

L'été où j'ai connu Christine, son modèle de Fiat avançait ainsi par petits bonds à travers toute l'Europe lorsque le thermomètre grimpait. Depuis Bordeaux, j'avais déjà distribué de bonnes paroles à quatre ou cinq équipages en proie à une fureur démente ou à la plus totale prostration.

Mon interlocutrice n'en était qu'à sa deuxième panne de la journée, ce qui expliquait sa relative philosophie. Elle voyageait seule, sans hâte excessive, à l'aide d'un accélérateur à main de renfort, son pied droit n'étant pas sûr. Après réflexions, elle a décidé de poursuivre sur Stamboul à la fraîcheur, et de dîner à Édirne. Il était environ cinq heures du soir. Et de me remercier de mes explications techniques et de mes conseils...

C'était le moment d'entrer dans le monde de la

charité sexuelle la plus éclairée, pour en jouir jusqu'à consommation.

Au lieu de me retirer, j'ai affirmé que rien ne me pressait non plus, que je trouvais à mon goût l'ambiance de la ville, que je me ferais une joie d'y rester quelque temps en gracieuse compagnie, dans l'espoir de n'y être pas seul à dîner moi-même...

Et je me suis présenté sous le nom de ma mère. Aucun machiavélisme là-dedans! Mais comme je tenais à honneur de ne jamais faire – même implicitement – la moindre promesse que je ne pouvais tenir aux jeunes filles qui attiraient mon attention, il était bien naturel que j'assurasse mes arrières quand les circonstances le permettaient. L'ébranlement des premières étreintes est parfois tel, chez la fille qui a renoncé à plaire, que des poursuites abusives ne sont pas à exclure. J'étais payé pour savoir qu'une générosité sans lendemain suscite éventuellement de gênantes gourmandises.

La voyageuse a froncé les sourcils devant mon ouverture, se demandant ce qu'elle signifiait, quelle sorte d'agrément j'espérais de sa société... Mais j'étais peut-être, après tout, un pédéraste sans relations, un impuissant qui fuyait le supplice de Tantale, un chanoine progressiste en petite tenue, un mutilé de guerre dans ses œuvres vives, un esseulé timide qui ne supportait pas que la nuit d'Orient tombât sur les Turcs sans ouïr le langage universel de Rivarol... On m'a acquitté au bénéfice du doute.

La fille a soigneusement fermé sa voiture, après y avoir pris un sac de crocodile, et m'a avoué qu'elle se prénommait Christine.

Échangeant des phrases banales et rassurantes, nous avons déambulé jusqu'à ce que j'eusse soif. (Christine ne boit pour ainsi dire pas.) À l'ombre d'une mosquée décrépite, nous avons pénétré par erreur dans une obscure taverne où Dumlupinar battait con plein : il y avait là-dedans des femmes de mauvaise vie qui gloussaient, et des hommes de mauvaise mine qui chantaient la visière de la casquette sur les yeux. Nous avons battu en retraite précipitamment, et j'ai jugé plus convenable d'aller boire un coup à la caserne de cavalerie de la grand-place.

Des officiers charmants, qui fêtaient Dumlupinar au vin blanc des coteaux de Marmara, nous ont invités aussitôt à leur table, une des plus fleuries de la cour d'accueil, et nous avons tous bavardé gaiement, dans toutes les langues que nous pouvions écorcher. Excellent souvenir !

Un capitaine, qui avait la photo de sa femme et de ses cinq enfants au fond de sa coiffe, nous a enfin donné quelques tuyaux sur ce mystérieux Dumlupinar : il s'agissait d'une raclée monumentale que les Grecs avaient essuyée en 1922, alors qu'ils s'acharnaient à vouloir dépecer la Turquie pour faire honneur au traité de Sèvres, un truc suspect dans le genre du traité de Versailles. À la suite de quoi, un million et demi de Grecs, qui se croyaient chez eux depuis *l'Iliade,* s'étaient précipités sur leurs valises en claquant des dents [1]...

Et le brave capitaine d'en rajouter, se passant l'index sur la pomme d'Adam qu'il avait saillante,

1. Le docteur Simay, contrairement à la longue tradition française qui se perd dans les fumées du romantisme, est fort mal disposé à l'égard des Grecs, que d'aucuns estiment, il est vrai, en décadence irrémédiable depuis le IIIe siècle avant Jésus-Christ. Mais les Grecs étant ce qu'ils sont par la nature des choses, on doit leur accorder qu'ils ont lutté des années avec courage et avec honneur pour épargner à leurs compatriotes d'Asie l'infamie d'une expulsion, et qu'ils ont réussi à expulser en revanche 450 000 Turcs, ce qui n'était pas une mince performance. Le docteur Simay semble ignorer ces faits, qui suffisent pour assurer à la Grèce l'estime des gens bien informés.

et riant gorge déployée à l'évocation des exploits radicaux de Kemal :

– Arméniens : couic! Tous!! Kurdes : grrr! Presque tous... Grecs : pfuitt! Tous!!! À présent : tout est turc! Même les putains sont turques!

Les autres buveurs faisaient chorus. C'était un joyeux concert de « couic », de « grrr », et de « pfuitt »...

Christine avait dû entendre parler de ces enfants arméniens aux yeux de biches, fracassés contre les murs par une soldatesque qui croyait bien faire, de ces villages kurdes brûlés avec leurs habitants et leurs troupeaux, de ces dames grecques qui avaient subi sans tricher les turqueries les plus lubriques avant d'être étranglées par des experts. Elle a porté machinalement la main droite à sa gorge, tandis que son vis-à-vis lui versait à boire, un bon sourire aux lèvres.

La conjoncture m'a paru favorable à une progression décisive.

Je me suis penché vers Christine, je lui ai pris franchement sa main gauche qui reposait sur la table, et je lui ai dit à l'oreille :

– N'ayez pas peur de ces vilains Turcs! C'est quand un peuple a chassé l'étranger qu'il cesse d'être xénophobe. Nos convives se réjouissent que leurs pères ne leur aient plus laissé personne à massacrer. C'est très humain, au fond, dès qu'on y réfléchit un peu...

Je ne sais si elle m'a compris. Je ne sais si j'ai ajouté quelque chose. La Turquie avait disparu pour nous deux.

Christine, pétrifiée, louchait fixement sur son verre. La peau douce de sa main captive était parcourue de légers frissons, comme du lait qui commence de bouillir. Un influx nerveux a failli arracher la main à ma pression, mais j'ai serré davantage et le *statu quo* s'est prolongé.

Mon geste exprimait de toute évidence un langage dont Christine avait surpris les conventions maintes et maintes fois autour d'elle, sans imaginer qu'il lui serait adressé un soir d'une manière aussi imprévue et aussi subite. Était-il possible qu'on la désirât vraiment ?

Mes lèvres effleurant ses cheveux, j'ai fait à Christine des suggestions de coiffures nouvelles, comme si ses charmes en eussent été à une coiffure près. Elle hochait la tête sans bien m'entendre.

Son grand souci était de se comporter normalement, alors que n'étaient dans les normes ni son physique ni mon attitude. Et elle devait se comporter normalement à mon égard comme à celui des autres, car j'avais choisi un endroit public pour ma démonstration, ce qui ne pouvait qu'accroître son trouble et sa paralysie.

Cet instant fugitif où l'on fait saisir pour la première fois à une fille où l'on veut en venir avec elle est un des plus délicieux de l'amour. Lorsque c'est une laide qui est en cause, le délice prend une acuité divine.

J'ai laissé la main pour le poignet : Christine avait le pouls rapide des filles sensibles qui viennent de s'apercevoir qu'elles ont un sexe, le pouls de la révélation.

En face de Christine, était un lieutenant moustachu au faciès de paysan. Peut-être un Anatolien ? Avec le bon sens des gens de la terre, qui ne regardent pas à la robe de la vache si le pis est bon, il nous a interrogés de l'œil et de la voix.

– Vous deux ? Fiancés ?

J'ai lâché le poignet en vitesse. Christine s'est bientôt penchée pour atteindre son sac, qu'elle avait posé sur le sol entre nos chaises, l'a entrouvert et y a farfouillé un moment...

Par l'échancrure de la robe, j'ai eu l'aperçu d'une poitrine attendrissante, qui faisait de discrets efforts pour passer du cône à l'hémisphère. Des appas de quinze ans, relevés de fraises des bois.

Christine s'est redressée avec un mouchoir, a retiré ses lunettes, s'est mouchée un petit coup, s'est frotté les yeux de l'index. Ce balourd de lieutenant venait d'évoquer d'un trait toutes les nostalgies du mariage, qui ne sont jamais loin des cœurs de femmes les moins ambitieux.

J'ai soufflé à Christine :

– J'ai lâché votre poignet pour vous faire compliment : les femmes mariées sont souvent peu plaisantes, les maîtresses, toujours jolies. Même un Turc de l'intérieur doit le savoir...

Elle n'a pas réagi.

La nuit descendait sur la caserne en liesse et sur ses fusées made in USA. Je me suis informé d'un hôtel pour dîner. Nous avons remercié nos hôtes et levé le siège.

De la caserne à l'hôtel, qui se trouvait à deux pas, je n'ai tiré de Christine que des monosyllabes. Je l'ai conduite à une table peu éclairée, sur une terrasse dominant la Maritza, et je lui ai fait de nouveaux compliments tout en dévorant une montagne de côtelettes d'agneau, un compliment par côtelette.

Art difficile – quoique nécessaire – que celui du compliment dans de telles circonstances ! Il faut se garder de trop insister sur le moral, ce qui ne serait pas aimable pour le reste. Quant au reste, le mieux est de traiter d'abord du moins bien, afin de l'exorciser. Ce serait une lourde erreur que de faire semblant de ne pas le voir, une erreur qui pèserait sur la suite des débats. On fera donc franche allusion aux disgrâces, mais par le biais impersonnel de la science, de la médecine ou de l'esthétique générale. Il est bon que la fille parle tout simplement de ce qui la crucifie. Ça la soulage et ça la met en confiance. On finira par la mise en valeur des détails plaisants, à loisir, sans trop insister...

Au dessert, j'étais en droit d'espérer que Christine aurait désormais plus flatteuse opinion d'elle-même. Elle s'était dégelée un brin pour m'apprendre que la polio l'avait frappée alors qu'elle avait huit ans, qu'elle venait de terminer, à vingt-deux ans, des études supérieures de maths, et qu'elle envisageait une activité dans la recherche. À ce que j'avais cru saisir, ses parents étaient fortunés.

Elle a tenu, en tout cas, à payer sa part, et je l'ai raccompagnée à sa voiture, que nous avions laissée couverte de poussière, et qui brillait sous l'éclairage municipal, reflétant une animation qui avait à peine faibli. Dans l'embrasure d'une porte voisine, un jeune garçon attendait qu'on lui fît signe, qu'on le suppliât d'accepter un menu cadeau pour sa gentillesse. Je n'ai vu de si beaux usages qu'en Turquie.

J'ai demandé à Christine si j'aurais le plaisir de la revoir à Stamboul, que j'eusse aimé lui faire visiter, y ayant passé une huitaine deux ans auparavant...

Elle n'a rien répondu, s'est installée au volant de sa Fiat, a lancé le moteur... s'est décidée *in extremis* à baisser la vitre. L'imminence de sa fuite lui avait donné le courage de me poser, d'une voix tremblante, la question qui la tracassait :

– Qu'est-ce que vous me voulez, à la fin?

On ne saurait mieux résumer la maladie de l'âme qu'une laideur imaginée inflige.

L'avenir se jouait sur ma réponse. J'ai posé la

main sur l'avant-bras de Christine, et j'ai dit tout simplement :

– Je n'ai aucune raison de me moquer de vous, Mademoiselle ! Je ne désire qu'une chose : être mis au pied du mur. Mettez-moi donc au pied du mur, et vous verrez bien si j'y grimpe ! Qu'est-ce que vous risquez ? Il faudra quand même que quelqu'un le saute un jour ou l'autre, ce mur. Pourquoi pas moi, si je vous plais, puisque vous me plaisez ? Hein ? Alors ?

Christine m'a jeté un drôle de regard, et a relevé sa vitre en murmurant : « Je serai au *Hilton*. Demandez Christine Dupont. »

Je me relis... Ça s'est passé exactement comme ça. D'ailleurs, je n'ai pas de souvenirs qui me soient restés plus frais que ceux de cette soirée et des jours qui ont suivi. Je ne puis dire que les souvenirs de mon mariage et de ses conséquences soient frais : ils seraient plutôt brûlants.

4 h 30 du matin, 12 août.

Vingt-cinquième jour de plâtre. Début septembre : déplâtrage, nouvelles radios, replâtrage partiel ou rééducation... Il y aurait de quoi devenir enragé ! Heureusement que j'ai ma prose pour tuer le temps et me tenir compagnie quand le sommeil ne vient pas !

D'ici quelques heures, en s'en allant, Christine me donne le baiser rituel sur la tempe, et ce paillasson revendicateur de Carole lui succède, faisant sous mon nez, mine de rien, ses petits effets de croupe ou de nichons, alors que ma prédilection pour les laides n'a pas résisté à l'usure des événements. L'idéal eût été pour moi de porter une baguette d'enchanteur à la place d'une verge sans vertu particulière, baguette qui aurait rendu jolies les filles laides en les faisant femmes. Telle devrait être la magie de l'amour véritable ! Ce n'est pas l'eau de Cologne de ce franc-maçon de Friquet qui fera jamais ce prodige...

Je dois dormir. Pourquoi refusent-ils de laisser des barbituriques à ma portée ? Je sais que tel est le règlement : c'est moi qui l'ai dicté. Mais qui reste patron jusqu'à nouvel ordre ? Dès qu'on est malade, on n'est plus chez soi. Chacun n'en fait qu'à sa tête. Que craignent-ils ? Que j'en abuse, de ces barbituriques, par faiblesse ou accident ? Pourquoi pas un suicide ?

10 h 45 du matin. Encore le 12 août.

Quand Christine est venue m'embrasser ce matin, je lui ai touché un mot des mœurs insolentes de Carole, cette même Carole qui donne présentement un vague coup d'astiquage aux carreaux, grimpée sur une chaise pour mieux m'agacer : elle trouve moyen, dans sa gymnastique, de me faire profiter d'un pantalon brodé qui pourrait tuer raide un cardiaque. Je crois qu'elle le fait exprès, depuis que je l'ai coincée les pattes en l'air avec son Bertier, de m'exaspérer ainsi ! Voilà bien une vengeance de femme : obscène, hypocrite et cruelle ! Dès que je serai sur pied, je lui botterai le postérieur, moi, à cette Carole !

Christine n'a pas paru trop surprise – et encore moins indignée – de mes révélations...

– Bertier est comme ça, m'a-t-elle dit. Tu le sais bien ! C'est un chat de gouttière qui fait plaisir en passant à toutes les filles qui ne se rangent pas assez vite. Qu'est-ce que ça peut te faire qu'il saute sur Carole ou sur une autre? L'essentiel est que tu sois traité au mieux. Or Carole et Bertier sont la compétence même...

J'ai mis en avant une question de forme.

– Que Carole paillarde avec Bertier, je m'en fiche un peu! Mais dans le cagibi d'à côté, sur le lit de sangle où tu dors...

Christine a souri et a rétorqué :

– Tu te montes l'imagination! S'il fallait songer à tout ce qu'ont fait les autres sur les lits qui nous accueillent, nous n'irions plus à l'hôtel sans en revenir obsédés...

On ne discute pas avec sa femme quand on est plâtré.

13 août.

Visite de Bertier ce matin. Il ne vient pas souvent, en somme, et reste peu, meilleure preuve que l'évolution suit son cours normal, qu'il est satisfait des contrôles et analyses. En matière de fractures, une fois qu'on a fait le nécessaire au départ, les grands remèdes sont le temps et la patience. Les drogues et les piqûres que m'administre Carole, c'est du luxe pour me soutenir le moral et me prouver qu'on ne m'oublie pas. Je craignais un peu que cette foutue garce ne me martyrisât de ses aiguilles par vengeance, mais elle n'a pas osé et me pique toujours comme il faut.

Bertier m'a garanti, une fois de plus, que je tirerai le pigeon d'argile à la fin octobre. À quoi tient la confiance que ce type inspire? Je suis bien placé pour savoir ce que vaut une parole de médecin à un malade, et je me fie à la sienne. Que pourrais-je d'ailleurs faire d'autre?

En ce qui regarde la clinique, c'est la confiance que Bertier inspire aux femmes qui importe. À ses heures de réception, toutes les dames de Caudégnan qui ont une culotte neuve font la queue pour le strip-tease aux frais de la Sécurité Sociale. Mais après le scandale de Reims qui a failli le faire rayer de l'Ordre, Bertier est trop prudent pour toucher à une cliente autrement qu'avec des pincettes.

Il devrait avoir plus d'argent devant lui, de côté, derrière lui ou à gauche... (comme disent les Français, qui mettent leur argent partout, sauf « à droite »). Ce n'est pas son 1 % des parts qui lui rapporte beaucoup : Friquet et moi ne lui avons guère fait là qu'une gracieuseté d'ordre moral et administratif, dans le dessein de mieux nous l'attacher. Cependant, avec ce qu'il ratisse par ses méthodes de travail rapide, et en ville, et chez lui à son cabinet particulier, on s'attendrait à ce que ses finances parussent plus solides.

Friquet soutient que Bertier est panier percé pour ses menus plaisirs, et qu'une jolie démarcheuse d'un fond de placement suisse quelconque se serait évanouie dans la nature avec six ans de ses économies. D'ordinaire, Friquet est bien renseigné. C'est un gâteux à antennes, depuis que son veuvage l'a privé de cornes.

Mais si Bertier a perdu son capital, il n'a pas perdu son humour. Il m'a montré aujourd'hui pour me distraire une trouvaille qu'il venait de faire encadrer et qui prendra place à sa villa, parmi d'autres documents du style « la réalité dépasse la fiction ». Il s'agissait de la première page de *Paris-Match*, en date du 30 mars 1968. On y voit, dans une prairie, un homme et son chien, avec cette légende prémonitoire :

CET HOMME PENSIF EN BLOUSON DE CUIR
EST LE SÉNATEUR ROBERT KENNEDY.
IL A PRIS L'ÉNORME RISQUE
D'ENTRER DANS LA COURSE À LA PRÉSIDENCE...

Malgré mes sympathies pour Nixon, j'ai ri par politesse. Il n'est d'ailleurs pas certain que Nixon soit élu par suite de la liquidation brutale des deux Kennedy. Pour le faire passer, il faudrait au moins que Mrs John Kennedy fît un remariage inepte, autant que possible à la veille des élections : chef peau-rouge, saxophoniste mulâtre, matador andalou, Agaga-Cancan ou pirate grec... histoire de dégoûter de la cause 50 000 vieilles rombières démocrates dans leurs clubs réfrigérés. Mais il n'y a pas une chance sur un million...

Sur le point de sortir, Bertier m'a dit en riant, avec un clin d'œil à l'adresse de Carole, qui a fait semblant de ne pas saisir : « Si vous arrivez à en tirer quelques faveurs, ne vous gênez surtout pas! Je ne suis pas jaloux! » Je me demande encore si je n'ai pas rougi de la suggestion, malgré des lustres de médecine. Je déteste ce genre de plaisanterie!

9 h 30 du soir.

J'ai renoncé à écouter du Bach sur le transistor. Quand on s'est accoutumé à une chaîne stéréo de haute qualité, de telles expériences sont insupportables! La casserole que Christine m'a achetée un prix extravagant n'est bonne que pour les informations... ou à la rigueur pour ces danses du ventre qui ne conviennent plus à mon état.

Les informations de 20 h étaient aussi déprimantes que possible. On a thésaurisé dix ans au lieu d'investir, et le trésor s'est envolé... Ce qui me rassure un peu, c'est que la médecine est comme l'épicerie : un commerce qui marche toujours. Mais si un fou allait étatiser la profession, pour y mettre la pagaille qui règne déjà dans l'enseignement ou dans les postes ? La seule chose à faire est d'entasser l'argent, de se préparer au besoin des voies de repli à l'étranger... Ce qui est magnifique, dans l'apostolat médical, c'est que l'éminente dignité du malade efface tout le reste : il n'y a plus ni races ni patries, il n'y a plus ni riches ni pauvres ! Dans ces conditions, malade pour malade, mieux vaut prescrire des aphrodisiaques à un émir du pétrole que du bromure aux économiquement faibles de Caudégnan-sur-Garonne...

J'ai reçu de Genève au courrier d'excellentes nouvelles de mes placements divers. Marianne, tu peux dormir tranquille avec ton Harpagon : j'ai mis ton fric en lieu sûr ! Mais tu ne le reverras qu'une fois veuve, et encore si tu es sage !

14 août.

J'ai passé la nuit à Édirne, en cet hôtel où j'avais mangé des côtelettes d'agneau devant une Christine sans appétit. Les derniers pétards de Dumlupinar ne m'ont pas permis de fermer l'œil avant une heure tardive, et je n'ai repris la route qu'en fin de matinée. Je pensais expédier le trajet Édirne-Stamboul en peu de temps, mais d'énormes machines américaines s'acharnaient sur les deux tiers du parcours pour en faire quelque chose de présentable, et un soleil de plomb chauffait une poussière thrace à couper au couteau. À Stamboul même, je me suis égaré dans les embarras de Galata avant de retrouver le square Taksim et la Cumhuriyet, qui monte vers le « Divan » et le « Hilton ». Il n'existe à Stamboul aucune règle de circulation perceptible. Les chauffeurs turcs foncent au petit bonheur, comme s'ils venaient de conquérir la ville, et les résultats sont aléatoires.

J'étais au « Divan » vers deux heures de l'après-midi. J'ai téléphoné à la réception du « Hilton » : Christine y était bien descendue la veille au soir. Il m'a semblé préférable pour elle de la remettre au lendemain et de lui infliger une nuit d'inquiétude à la pensée que je l'avais déjà oubliée. Le cœur, c'est comme l'estomac quand le sujet salive, il digère mieux.

Le lendemain 1er septembre (Dumlupinar est donc du 30 août), je déjeunais au « Hilton » avec Christine. Elle avait enfin découvert une coiffure seyante chez le figaro de l'hôtel, et portait une robe de lâche foulard, trompeuse à souhait, pleine de vides, remplie d'illusions, que la moindre brise faisait palpiter sur des chairs aussitôt épanouies qu'évanouies. J'ai fait compliment de cette double réussite et Christine s'en est dilatée de plaisir. Ces premiers efforts que consent la laide pour entrer dans la ronde des sexes m'ont toujours beaucoup ému.

Christine avait fait le projet de séjourner une huitaine à Stamboul et de rentrer par la Grèce. J'avais moi-même l'intention de passer quatre ou cinq jours dans cette ville, puis de pousser jusqu'à Ankara, dont on m'avait vanté la sévérité. J'y aurais fait pèlerinage sur la tombe de Kemal, en qui je voyais une sorte de grandiose chirurgien...

Trois jours durant, j'ai présenté Stamboul à Christine, cette métropole qui enjambe deux continents, un pied en Europe, un pied en Asie, accroupie telle une femme éternelle sur l'onde majestueuse de son Bosphore. C'est la ville la plus séduisante, la plus animée, la plus originale qui se puisse voir dans la lumière d'un été ou sous les étoiles de la nuit.

La glace rompue avec précaution, il est d'une bonne doctrine de traiter la laide comme la jolie, ni plus ni moins. Il ne faut surtout pas la brusquer! Ce serait du dernier goujat que de prétendre aller plus vite que nature sous prétexte que les charmes à conquérir sont incertains. Une fois dans sa vie, la laide a droit à toute la gamme de ces progrès réfléchis où les filles prennent tant d'agrément et de considération de soi.

Tandis que Christine regardait la coupole de Sainte-Sophie, son cou de cygne tendu vers un ciel borné, je lui ai pris la main de nouveau. Pour l'aider à franchir l'étendue fleurie qui mène à la mosquée d'en face, je lui ai pris le bras gauche, le droit étant consacré à la canne. Au sein de la mosquée bleue, je l'ai prise par la taille, ce qui a fait que mes commentaires ont mieux pénétré : je lui faisais apprécier là une vraie mosquée, mariage du château de cartes et de la pièce montée, et non point une de ces affligeantes platitudes d'Afrique du Nord ou d'Andalousie, forêts de colonnes dont on se demande toujours pourquoi elles n'ont pas un hectare de plus ou de moins, vu que toute proportion leur fait défaut par principe. Ces mosquées-là sont comme les tentes bédouines : voûte extensible et piquets autant qu'on en veut. Elles ne sont bonnes qu'à jouer aux quatre coins avec un tiers de Trinité, un Allah qui se cogne la tête au plafond. La mosquée bleue, c'est autre chose! Allah s'y ennuie tout seul : il y prend du moins de la hauteur. J'ai fait là une moisson de diapositives, mais Christine a refusé de se laisser prendre, plus sauvage qu'un dieu turc.

C'est dans la grande salle des circoncisions du Palais Topkapi, que je l'ai embrassée sur la joue. C'est dans un coin du Vieux Sérail que j'ai, *the first in the world*, effleuré ses lèvres. C'est sur le bateau de Scutari que je l'ai embrassée pour de bon, à l'étonnement d'une brochette de touristes, qui ne comprenaient pas ce que je pouvais trouver à cette enfant laide comme le péché mignon...

Au débarcadère, j'ai glissé en allemand à un gros homme en culottes tyroliennes, qui nous avait fixés avec une insistance excessive : « C'est ma sœur, et je suis russe! Tête de lard! » Le type en a laissé tomber la saucisse qu'il était en train de déguster pour quatre heures, à petites bouchées gourmandes.

Les gens sont si indiscrets qu'il est parfois désagréable de faire à une laide en public une cour un peu poussée. Mais il faut ce qu'il faut! De toute manière, elle y a droit.

Au sommet de Camlica, d'où l'on découvrait tout Stamboul, Christine m'a murmuré :

– Vous ne devriez pas m'embrasser quand il y a du monde...

Je l'ai réembrassée devant Stamboul en répliquant :

– Et pourquoi pas? Il faut baiser avec son temps! Ça vous gêne?

– Moi?... non. Je disais ça... pour vous.

– Moi, ça ne me gêne pas. Je suis fier de vous. Soyez donc fière de vous-même! Vous êtes une cavalière charmante!

Christine n'a plus protesté, et m'a même fait en souriant une réflexion qui prouvait que l'esprit était en train de lui venir au galop :

– Vous me donneriez plutôt le sentiment d'être une monture...

Ce trait m'a donné l'espoir de boucler l'intrigue assez vite. De toutes les pudeurs, c'est la verbale qui s'efface le plus tard chez les filles, après même celle de la vue. Elles font l'amour longtemps comme les autruches, qui ne se croient pas baisées tant qu'elles restent muettes, la tête cachée sous un oreiller de sable, mais le derrière à tout venant.

Nous sommes redescendus sur le vieux quartier

d'Usküdar, qui enchantait, à la belle époque, le digne Farrère et le gracieux Loti. J'ai demandé à un guide si des femmes turques se prostituaient encore dans les cimetières au clair de lune (Farrère dixit), mais il m'a répondu que c'était une légende d'académicien qui avait pris ses désirs pour des réalités. L'histoire est difficile à écrire, même sur place.

J'ai tâché de faire briller le guide en l'interviewant sur le vieux supplice du pal, abandonné par Kemal pour gagner du temps. (Comme tous les êtres sensibles, je suis amateur d'atroce – pourvu que je l'achète pasteurisé.) On m'a révélé que l'astuce du procédé consistait à transpercer le patient, de l'anus à un point traditionnel du dos, de manière à ne léser dans l'immédiat aucun organe vital, ce qui exigeait des spécialistes une expérience et un doigté peu courants. Les bourreaux doués avaient toujours été rares, qui parvenaient à prolonger la vie très au-delà de ce qu'on aurait pu raisonnablement attendre des forces humaines, et les pachas consciencieux se les arrachaient.

L'année dernière, dans une chronique du Prix Nobel Ivo Andric, *Le Pont sur la Drina,* j'ai lu six ou sept pages de descriptions minutieuses confirmant les propos de ce guide. À force de se faire empaler par les Turcs, les Serbes avaient conservé de cette technique des souvenirs étonnamment frais et précis.

Toutes ces histoires de pal impressionnant Christine, je lui ai caressé le dos – faute de mieux – pour la rassurer.

Je garde un souvenir moins cruel de l'excursion en vedette privée jusqu'aux portes de la mer Noire, à partir de l'embarcadère du Palais Dolmabahçe, visite du château de Rumeli Hisar au retour. C'est dans un ombreux recoin de cet ensemble médiéval que j'ai commencé de bousculer Christine avec une vigueur contenue, pour lui donner le plaisir d'une victorieuse défense. Elle s'est très bien comportée.

Le soir du troisième jour, nous sommes allés dîner en taxi à un restaurant coté. (Dans Stamboul, il n'y a que le taxi ou les jambes si l'on veut circuler à l'aise.) Je ne sais plus si c'était l'Abdullah, le Liman ou le Pandeli, mais je me rappelle que Christine était nerveuse – elle sentait que l'échéance approchait – et que le service était d'une perfection frappante, chose difficile dans un pays où il est naturel que le service soit parfait partout.

Les domestiques turcs n'ont pas d'équivalents. On ne les voit jamais, et ils sont toujours présents, fonctionnant sur transmission de pensée quand ils ne vont pas au-devant des désirs.

Le dîner a été agrémenté, sur la fin, de danses un tantinet lascives, qui ont rendu Christine encore plus nerveuse...

– Pourquoi ne regardez-vous pas ces filles? Elles sont pourtant jolies! m'a-t-elle sorti soudain, sur le ton qu'eût pris une femme jalouse pour me reprocher de les regarder.

En lui réservant tous mes regards, j'avais péché par excès de délicatesse, erreur qui blesse plus profondément que la balourdise.

– Si vous êtes pressée que je vous oublie pour des bayadères, ai-je répondu gaiement, pressez-vous donc de vous faire mieux connaître! Ne savez-vous pas que les hommes sont comme les petits oiseaux? Le boa de leur Ève les fascine et, par la force des choses, ils ne cessent d'être sous le charme qu'à partir de l'instant où ils sont tombés dans la gueule béante de cet animal fabuleux... celui que certains explorateurs du Paradis terrestre ont surnommé « constrictor » pour donner une vague idée de son apparence et de ses façons d'agir, tandis que d'autres le voyaient telle une longiligne fourrure d'été, pleine de plumes comme celle de la cocotte, et capable d'étrangler plus d'un imprudent... Quand cesserez-vous de me fasciner, chérie ?

Je ne pouvais m'exprimer d'une manière plus franche ni plus élégante. Nous nous sommes levés de table. Christine, son boa à jeun, et moi-même avons regagné le « Hilton ». Au lieu de monter se coucher, Christine a tenu à faire un tour au bar. Puis elle a décidé de se tremper avec sa bête dans la piscine, sous le soleil artificiel des projecteurs et des réclames lumineuses. Avait-elle l'intention d'infliger à mon courage une ultime épreuve ? de mettre au contraire ses charmes en valeur ? de rester vierge tout simplement une heure de plus ? Était-ce esprit d'indépendance ? coquetterie de me faire languir ? Personne ne le saura jamais. Un comportement ne signifie rien par lui-même et les filles laides sont des secrètes qui ne se privent pas de mener douze idées contradictoires de front.

J'ai assisté au bain. J'avais déjà vu Christine en corsaire et chemisette sur la plage de Kilyos. Je n'en ai guère appris davantage, malgré l'exiguïté d'un deux-pièces d'acquisition récente. Le déhanchement, après tout, n'avait rien de pire que celui de certaines statues d'éphèbes, où l'artiste en a fait une grâce de plus. Et il arrive même que l'éphèbe ait comme une canne sous la fesse pour éviter que la statue ne se fiche par terre. C'est l'imagination qui mène la farandole des amours. Si l'on n'a pas celle du voisin, c'est lui qui a tort et il n'a qu'à s'excuser.

Le bain consommé, j'ai réussi à gagner la chambre de Christine. « Réussi » est le mot ! Chez papa

Hilton, tout marche à la baguette de l'électronique et de la carte perforée. Le client, passablement servi, est en tout cas surveillé de près, au milieu d'une jungle d'écriteaux bien astiqués, dont certains trahissent des arrière-pensées puritaines. On est embarqué sur le *Mayflower*, et pour aller cueillir la fleur d'une cliente dans les étages, il faut faire poinçonner son billet doux.

Quand Christine m'a ouvert, elle avait eu le temps de prendre une douche qui l'avait lavée des eaux douteuses de la piscine, et elle avait revêtu un peignoir tout blanc qui lui faisait comme une robe de mariée. Nous avons respiré un moment l'air de la nuit à la fenêtre. Du « Hilton » au Bosphore, c'était une cascade de lumières, qui remontaient affaiblies sur le rivage asiatique. Le peignoir de Christine en bâillait d'admiration, et j'en ai profité pour flatter de la main quelques courbes ou épures. La laide n'est pas fâchée qu'on la lutine devant des panoramas où des millions d'êtres sont témoins de son triomphe. Elle a besoin de revanches sociales comme de revanches intimes.

J'ai mis plus de deux heures à entrer en possession. Les ménagements souhaitables en pareil cas ne sont rien à côté de ceux qu'exige la sensibilité des laides. Elles ont si peur de déplaire, de voir s'enfuir le curieux à la première escarmouche ! Il convient de tout embrasser, de tout caresser, de tout complimenter dans la pénombre avant de se risquer à faire mal. Et les compliments à la gueule du boa sont les plus goûtés, car c'est par là qu'une fille qui doute d'elle-même acquiert la certitude qu'elle est faite comme les autres. Si l'on ne jugeait de la femme que par la qualité du constrictor, bien des réputations usurpées s'effondreraient.

Christine allongée sur le lit, j'ai commencé ma cour par ce petit pied droit fluet, qui est incapable d'enfoncer un accélérateur de Fiat, mais qui accepte les baisers sans se faire prier... Ma chérie brune a été la docilité même. Comme bien d'autres, elle a pleuré au sortir de l'épreuve; comme quelques autres, elle a prié qu'on se réoccupât d'elle jusqu'au matin, sans cesse plus satisfaite des nouveautés. Elle semblait vouloir épuiser en une nuit toute une lune de miel.

Vers dix heures, Christine m'a réveillé en sursaut : le breakfast de papa Hilton menaçait... J'ai fourré mes vêtements sous le lit et je me suis caché dans la salle de bains, dont je suis ressorti bientôt pour manger le breakfast. Christine n'avait pas faim.

J'ai quitté la chambre avec d'infinies précautions, et j'ai parcouru sur la pointe des pieds quelque trente mètres de couloir, derrière le dos d'une espèce de gouvernante qui était en faction près des ascenseurs. Je l'ai saluée au passage, mais elle ne m'a pas loupé :

– Vous avez une chambre à l'hôtel, Monsieur?

Le mieux était de prendre les choses de haut...

– Je dors dans le couloir, ai-je dit en entrant dans un ascenseur. Vous me ferez changer le tapis : la laine n'est plus vierge et il y a des puces!

C'est comme ça qu'il faut traiter ces gens-là. J'ai pu évacuer le « Hilton » sans encombres pour aller achever mon somme au « Divan ». Le « Divan » n'est pas précisément un caravansérail où il serait de bon ton d'organiser des ramadans nocturnes avec des filles de joie, mais le climat y est turc, c'est-à-dire hospitalier dans le détail,

Si j'avais pu savoir, j'aurais laissé Christine à sa toilette d'une manière plus émouvante, j'aurais trouvé un mot, un geste, pour lui résumer la faveur unique qu'elle m'avait faite et tout le délicat plaisir qu'elle m'avait donné. Je dois dire à ma décharge que je comptais la revoir dès l'après-midi de ce 4 septembre.

À cinq heures du soir, comme convenu, je demande Christine à la réception du « Hilton ». Nous devions aller faire un tour au Bazar. On m'annonce qu'elle est partie, et l'on me remet une enveloppe.

Je me suis assis dans l'immense hall de l'hôtel, j'ai commandé un café à une mignonne qui évoluait en pantalons folkloriques, j'ai ouvert l'enveloppe après une dernière hésitation. Je n'appréhendais rien de fameux du procédé.

Les termes de cette lettre, je les sais par cœur:

J'espère que vous vous prénommez bien Marc : c'est un prénom qui me plaît. Peut-être même vous êtes-vous présenté sous votre vrai nom? Le 31 août, jour de votre arrivée à Istambul, j'ai téléphoné au « Divan » vers l'heure du dîner pour prendre de vos nouvelles, et on ne vous y connaissait pas... Mais vous aviez pu descendre dans un hôtel moins coûteux.

Ce brouillard qui vous entoure, cet emballement subit pour ma personne m'obligent à faire peu de cas de votre sincérité.

Je ne vous suis que plus reconnaissante de la qualité de votre comédie. Vous m'aurez entourée de telles prévenances que le cœur d'une sotte y aurait fondu. Vous garderez malgré tout une place dans le mien.

Je veux oublier vos intentions pour ne me souvenir que de vos talents, dont le plus estimable est encore une réserve de laveur de voitures d'Édirne, qui attend qu'on lui fasse signe et qu'on le prie d'accepter quelque chose pour sa peine.

Je ne voudrais pas que mon départ précipité prive de toute satisfaction un homme qui m'a tenu compagnie si gentiment. Le billet ci-joint vous donnera la mesure de ma gratitude.

Christine.

Je l'avais baisée pour une paille de cent dollars! C'était si affolant que j'ai bien relu la chose trois fois avant d'en assimiler tout le sel. J'étais partagé entre le rire et la pitié. Voilà à quelles méprises tragiques menait le manque de confiance en soi!

J'ai demandé à la réception l'adresse de Mlle Christine Dupont, mais ils ont fait les mystérieux, et le préposé a fini par me déclarer : « Si Mlle Dupont, dont vous dites qu'elle est une amie à vous, ne vous a pas laissé son adresse, vous comprendrez, Monsieur, que ce n'est pas à nous de le faire. » Il n'y avait rien à répondre.

J'étais fort ennuyé. J'aurais aimé régler ce malentendu idiot par correspondance, et je craignais de ne pas retrouver facilement cette fille Dupont, qui n'avait pas été plus bavarde que moi sur ses coordonnées.

Une idée simple m'est venue : j'ai prié un des réceptionnistes de me refiler une feuille avec une enveloppe et, laissant l'enveloppe vierge, j'ai écrit quelques phrases sur la feuille, debout au bureau de la réception...

Vous m'avez percé à jour, Mademoiselle, avec une perspicacité foudroyante! Mais si j'enchante les désenchantées en pinçant une lyre dont les pinçons valent de l'or, j'ai pour coutume de payer les jolies filles à leur prix. Veuillez donc accepter ce billet de cent dollars, cachet de mon dernier récital, que je dépose à vos pieds en m'excusant du peu.

Marc.

J'ai fermé l'enveloppe sur le mot et sur le billet, j'ai appelé le préposé, que j'ai chargé de rédiger l'adresse lui-même...

Il a retourné la lettre dans tous les sens, comme si j'y avais glissé des microbes, et me l'a rendue avec ces paroles :

– Je regrette, Monsieur. Nous ne faisons pas suivre la correspondance des nomades qui dorment dans nos couloirs...

Je l'aurais tué ! Mais ça n'aurait pas fait partir la lettre. J'ai dû me borner à des injures sanglantes, qui ont laissé de marbre cette face de carême.

Je suis redescendu au « Divan », où il ne m'a pas fallu longtemps pour prendre une décision. Je ne pouvais abandonner cette Christine sur une expérience aussi lamentable, qui risquait de la désaxer. Le remords m'aurait poursuivi.

Je me suis secoué. J'ai bouclé mes bagages en vitesse, et j'ai foncé vers la Grèce. La fugitive n'avait que quelques heures d'avance et elle m'avait entretenu vaguement de l'itinéraire qu'elle comptait suivre.

15 août.

Il a été une bonne fois entendu que je n'étais visible pour personne jusqu'à nouvel ordre. Je hais ces phrases conventionnelles, toujours les mêmes, qu'amis et relations répètent à l'oreille des malades. En tant que médecin, je les connais trop pour les supporter à mon tour. Que ces gens-là gardent donc leurs politesses !

Je ne reçois guère que la famille. Bonne occasion de s'apercevoir que ça ne va pas loin... Maman est morte en 44, sous une bombe. Qu'est-ce qu'elle allait fabriquer à Saint-Nazaire, chez sa vieille chipie de tante? Mon Dieu, c'est bête à pleurer! Mon père est mort neuf ans après, de chagrin, comme on dit – un chagrin cancérigène. Ma famille, c'est Dupont, qui est passé me tapoter la joue entre deux greffes rénales quand je suis sorti du néant. C'est la Christine qu'il m'a fichu dans les bras. C'est...

Que fait donc ma maîtresse, ma chérie blonde? Je sais qu'elle est rentrée de vacances depuis le 12. Voilà trois jours qu'elle promène ses charmes dans cette clinique, et je n'ai pas aperçu le bout de son nez! Elle doit pourtant bien saisir que la consigne n'est pas faite pour elle...

Un qui a su forcer la consigne, en tout cas, c'est le curé! Il est mal tombé. Voir apparaître un curé quand on attend sa maîtresse, ça énerve. D'ailleurs, je n'estime pas ce type. On le sent rongé par le doute comme par une lèpre, mais au lieu de prêcher sa lèpre, il plaide d'une voix faible pour sa foi mourante avec le souci de ne contrarier personne. À cinquante ans sonnés, il joue au convaincu, et il joue comme une savate. C'est un faux jeton, qui ne mérite que le mépris. Moi aussi, je doute de beaucoup de choses, mais je ne suis pas payé pour ne pas douter, et quand je doute d'un médicament, je ne le prescris pas.

Après un baratin des plus inconsistants, mon curé a effleuré le thème qu'il avait derrière la tête : « Un accident est si vite arrivé! Faisons loyalement notre examen de conscience, etc. »

Une envie m'a chatouillé (je parle du haut du corps : le bas, je ne le sens plus beaucoup) de démolir ce prétentieux. Et la chatouille s'est bientôt révélée irrésistible....

– Cher Monsieur, ai-je dit sur le ton le plus amène, vous discourez des fins dernières devant un impotent que sa femme a expédié dans un arbre alors qu'il sommeillait. Ces fins dernières, je les ai entrevues de plus près que vous, et elles ne me font pas peur. Dieu m'est témoin, s'il m'entend, que j'ai toujours agi selon ma conscience. Sans doute, ai-je par hasard cet organe embryonnaire et élastique. Mais à force de précautions, j'ai pu éviter jusqu'à présent toute fausse couche grave de conscience.

« Entre nous, vos fins dernières m'inquiètent plus que les miennes...

« Votre Christ, dont vous pourriez relire l'histoire de temps à autre, avise un jour un paralysé sur le bord d'une piscine, qui moisissait là depuis un temps fou. Il le met sur pied d'un geste (croyez que, médicalement parlant, je n'y vois aucun inconvénient!) et il lui déclare : « Maintenant que ton corps est guéri, ne pèche plus, ou il t'arrivera pire! » Vous avouerez, Monsieur, que c'était le sommet de l'humour noir quand on songe à ce que ce malheureux avait pu se permettre comme péchés dans l'état où il était. Mais la qualité de cet humour devrait vous convaincre que le péché est chose sérieuse et que les tourments de l'enfer sont parole d'Évangile.

« Vous me souhaitez, Monsieur, une bonne fin dernière le plus tard possible. Je vous souhaite le plus tôt possible une bonne paralysie générale.

« Elle vous épargnerait ce honteux concubinage avec une domestique avachie. Elle vous épargnerait des incidents vénériens comme celui d'il y a deux ans, qui a réchauffé l'anticléricalisme puéril de mon brave Friquet. Elle vous épargnerait de déserter votre église sans motif décent. Elle vous épargnerait d'écrire des sornettes de théologie chèvre-choux dans des feuilles d'intérêt local. Elle vous épargnerait, en un mot, la mort dans l'âme.

« À défaut de vertueuse paralysie, je vous souhaite d'être plâtré jusqu'au cou, de sorte que vous n'ayez pas la tentation de rendre les gifles que vous mériteriez.

« Ce que je vous en dis, Monsieur, c'est pour votre bien. Je vous parle là comme le Christ l'eût fait avec plus d'humour.

« Si vous êtes un vrai prêtre, et non point un de ces objets de scandales suscités pour boucher les trous des enfers, vous tiendrez à me bénir du fond du cœur avant de prendre congé...

Ce farceur a foutu le camp sans même me bénir. Ça doit être un faux prêtre. À qui se fier, mon Dieu?

Je crois que Friquet a perdu un client. Deux avec la gouvernante. Trois avec la couturière que le curé a engrossée l'année de l'inondation. Quatre avec...

J'ai eu la main lourde.

16 août.

Il paraît que ma chérie blonde est enrhumée et garde la chambre. Retournons à la chérie brune...

À la frontière turco-grecque, il est un vaste marais peuplé d'oiseaux, que traversait à l'époque une route défoncée. J'ignore si elle est réparée aujourd'hui. Les pays qui ne peuvent pas se sentir laissent volontiers dans la décrépitude les communications de leurs confins.

En pleine nuit, j'ai embouti là une énorme tortue de terre, qui prenait le frais en travers du macadam d'un petit pont. Ces tortues sont une spécialité des Balkans. Au-dessus d'une certaine taille, elles exigent d'être contournées.

Ce n'est qu'à Thessalonique que j'ai pu faire

réparer ma direction, qui avait été faussée par le choc. De retard en retard, j'ai fini par repérer Christine au « King Edward » d'Athènes, le 9 septembre au soir, et je m'y suis invité à dîner, au sortir d'un joaillier libanais de la place. J'étais, ce soir-là, d'humeur généreuse et dépensière.

Christine mangeait seule et mélancolique, sous le vélum du restaurant de plein air, tout en haut, bercée par la musique douce d'un orchestre qui marchait au Coca-Cola. Mais les musiciens ne buvaient pas à même la bouteille, comme dans le grand salon du Danieli de Venise : ils avaient des gobelets de carton.

Je me suis assis à quelques tables de Christine, qui a fait mine de ne pas me voir. Pour elle, je n'étais plus qu'un honteux instrument d'hygiène qui avait rempli son office.

J'ai eu quelques difficultés à me faire servir. À la suite de Thémistocle, les Grecs intelligents ont pris l'habitude de s'expatrier. Ne restent que ceux qui seraient incapables de changer de métro tout seuls : ils s'exercent à de menus larcins pour se délier les doigts et l'esprit, dans l'espoir d'être un jour dignes de la fuite.

J'ai piégé un de ces apprentis...

Négligemment, je laisse sur la table une boîte d'allumettes aux trois quarts vide. Le garçon qui desservait entrouvre la boîte avec douceur et se penche comme pour vérifier le contenu. Il introduit l'index dans la boîte, bloquant ainsi les allumettes subsistantes, et la secoue à son oreille : pas un son. Quand on a vérifié par trois fois, et par la vue, et par le toucher, et par l'ouïe que l'étranger est une andouille, on a le droit de lui barboter ses allumettes. Ma boîte a donc disparu dans les poches de ce chenapan, qui devait être à la veille de s'expatrier.

Lorsque le type a rédigé mon addition, je lui ai emprunté son crayon à bille, que j'ai secoué à mon oreille... et hop! Plus de crayon! Dans la manche à Marc! J'ai fait une tête désolée. L'autre prestidigitateur a battu en retraite sans demander son reste, et c'est un de ses congénères qui a terminé l'addition. À empaler, des mecs pareils! Et pas sur des allumettes! Il n'y a que le Turc et le Romain qui aient compris par où il fallait prendre le « Graeculus »[1].

Vers dix heures, des couples se sont mis à danser, et un gigrecolo, qui était sans doute en cheville avec la maison, a fait tourner quelques rombières bien nourries jusqu'à ce qu'il fût en sueur. Il a demandé alors à Christine la faveur d'un entretien, pour se reposer l'espace d'un slow en faisant un brin de cour à une cliente infirme. La table de Christine avait été dressée dans la fraîcheur, au bord du parapet dominant Athènes illuminée, en face de ce Parthénon que les Turcs avaient violé jadis et transformé en poudrière, avec le souverain mépris des peuples constructifs pour les ruines des autres.

Christine s'est laissée faire poliment. Elle espérait peut-être qu'elle me dissuaderait ainsi de l'aborder. Le garçon, d'ailleurs, était beau : tête d'Adonis, torse de berger d'Arcadie, hanches de Phryné, fesses socratiques et pied d'Achille. Il eût même paru distingué sans l'épaisseur de la gourmette et le tape-à-l'œil de la toquante.

Le gigraeculus un peu reposé, je suis allé à lui, j'ai déployé un billet de cent dollars, que j'ai fourré

1. Nous avons nous-même été victime du tour des allumettes dans un motel de Grèce orientale. Mais le docteur Simay tombe dans le travers du touriste superficiel : il généralise abusivement. D'autres relations de voyage signalent des Grecs honnêtes, et parfois scrupuleux, en particulier dans les îles retirées des Cyclades ou du Dodécanèse.

dans le gilet de son spencer avec ces mots engageants :

– C'est de la part d'une beauté hellène qui te réclame, la grosse, là-bas, près du trombone à coulisse, à côté du mari aveugle qui cherche ses allumettes en croyant mastiquer du lapin...

Mon concurrent est parti ventre à terre, et je me suis assis d'autorité à sa place tiède. Cette chaleur postérieure m'a rappelé la confidence de ce colon français de Mostaganem, dont les cabinets étaient mal chauffés, et qui distribuait l'hiver des casse-croûte à de petits sans-culottes arabes pour qu'ils lui tinssent à tour de rôle son siège à bonne température. C'est par des philanthropies de ce genre qu'on arrive à l'état de siège.

J'ai déposé et ouvert sous les yeux de Christine l'écrin, que j'avais acquis. Pour me faire plaisir, elle porte encore à présent ce nœud de brillants baguette sur platine, qui fait déjà un cadeau plus que présentable.

J'ai dissipé aisément le malentendu : j'affectionnais le nom de ma mère, qu'il m'arrivait d'utiliser sans songer à mal. Je n'étais certes pas riche. Je n'avais hérité de mon père qu'un manoir de Dordogne affligé de terres stériles, dont je mangeais la toiture avant de m'établir modestement avec les fondations, mais je roulais tout de même en Alfa-Roméo et le besoin de monnayer mes faveurs ne m'était pas encore apparu...

Il me souvient d'avoir donné à Christine quelques conseils :

– Vous avez péché dans cette affaire par une touchante aberration de modestie, qui risque de vous pousser à d'autres folies si vous n'y prenez garde. Vous n'êtes pas des plus attirantes. C'est un fait qui vous hypnotise et vous cache le principal : toutes les femmes sont laides dès qu'on ne les désire pas ou qu'on ne les désire plus. Le monde est encombré de femmes ravissantes qui viennent de tomber laides subitement pour l'homme de leur vie, après trois jours de fièvre comme après vingt ans d'illusions. Ces femmes sont vos sœurs. Vous pouvez vous donner la main. Le seul remède est de prendre et de garder confiance en soi, de se préparer à plaire à un autre si l'on trouve le jeu plaisant. La statistique nous démontre que cet autre existe toujours quelque part pourvu qu'on se donne la peine de le chercher. J'en suis la preuve d'autant plus vivante que c'est moi qui vous ai trouvée !

Christine me considérait comme si j'eusse été l'archange Gabriel. Il était préférable de la doucher un peu...

– Hélas ! Vous êtes laide ce soir pour la première fois, car vous m'avez froissé. Vous souffrirez que je ne vous livre pas mon nom et que je me retire sans espérance de vous revoir. Je penserai souvent avec reconnaissance à cette nuit où vous étiez si jolie, malgré ces dollars que vous aviez en tête...

Christine a commis l'erreur de me poursuivre jusqu'à ma voiture, bredouillant des mots éperdus qui n'étaient pas de nature à changer quoi que ce fût.

J'ai fait demi-tour vers Ankara – que je ne devais jamais connaître, une petite danseuse turque m'ayant fait un croc-en-jambe sur les rivages de l'Europe.

En attendant, j'étais assez satisfait par la perfection tragique de ce départ d'Athènes. Tout bien pesé, cette fille en larmes qui s'estompait dans le rétroviseur, je ne l'avais pas trop mal traitée. Mieux vaut pleurer la fuite d'un amour que son néant.

17 août.

Carole est sous tension. C'est peut-être l'orage, qui maltraite le grand marronnier du parc, au-delà des vitres doubles qui m'isolent. À moins qu'elle ne soit indisposée...

Deuxième visite de Dupont en fin d'après-midi. Il avait revu mes radios en bas, avant de monter.

– Les fractures des jambes, c'est du courant, m'a-t-il dit. Pour le bassin, c'est plus délicat... mais il n'y a rien de rédhibitoire ! J'ai pourtant l'impression que Bertier vous fait marcher un peu vite... Enfin, j'espère bien vous avoir à Noël avec Christine ! Patience, mon petit !

Et il m'a tapoté la joue, selon sa manie.

Je n'aime pas beaucoup ces réserves. Il faudra que je me décide un jour à regarder mes radios. Bertier est réticent. Il a pour principe de montrer le moins possible leurs radios aux malades, qui vont y chercher midi à quatorze heures, et il me l'applique froidement. Il a même eu le culot de me déclarer :

– Vous êtes juste assez compétent dans ce domaine, mon vieux, pour interpréter de travers des radios difficiles. Je ne vous laisserai pas barboter dans ces radios comme un gamin dans le *Larousse médical.* Vous me faites confiance ou non : un point, c'est tout !

Le « gamin » n'a que six ans de moins que Bertier, mais je dois reconnaître qu'il est plus fort que moi là-dedans. Il a réussi l'internat des hôpitaux, lui, et s'il est suffisant, il n'est pas insuffisant. Pour un malade, c'est le principal.

18 août.

Encore un dimanche. Le 11 dernier, je ne me suis même pas aperçu que c'était dimanche. Si ce régime se poursuit, je finirai par perdre tout à fait la notion du temps.

Carole est toujours là, qui fait des heures supplémentaires. Pourquoi? Pour se payer une robe de plus? Pour faire plaisir à Bertier? Par attachement à ma dépouille, qui est sa chose, et qu'elle ne veut pas confier à n'importe qui? Allez savoir! Il n'y a pas de pire vanité que de juger les gens sur un geste. On doit replacer le geste dans tout un ensemble si l'on veut commencer à y voir clair. Et encore!...

Un autre dimanche d'octobre 57, j'étais entre aux « Dames de France » de la rue Sainte-Catherine pour acheter des lames de rasoir. Rayon parfumerie, je tombe nez à nez avec Christine. Fait comme un rat : le mur dans le dos, de la parfumerie à droite et à gauche, Christine devant, aussi élégante qu'émue.

On ne peut donner dans le tragique à tous les coups. Nous avons bavardé un instant comme de vieux amis. Elle n'était pas mariée. J'avais terminé ma médecine, et je cherchais un cabinet dans mes prix.

Sur le trottoir, Christine m'a dit : « Papa doit pouvoir quelque chose pour vous! », et elle m'a poussé dans une Lancia Flaminia, qui affichait le panonceau médical en stationnement interdit. J'étais encore fait comme un rat : papa devant au volant, fille derrière avec moi. Et le papa n'était pas n'importe qui : c'était le fameux Dupont de la greffe rénale, qui m'avait retapé la première fois que j'avais présenté mon externat... un peu à la légère, il est vrai. Entre toutes les filles de Dupont, j'avais réussi à dépuceler la fille de ce Dupont-là!

– Je viens de retrouver mon mystérieux gigolo d'Istanboul, a annoncé gaiement Christine à son papa. Celui qui distribue des diamants pour prix de ses faveurs! Il cherche un cabinet médical...

Il était difficile d'être mieux informé et plus vite des relations cordiales et confiantes qui régnaient entre père et fille – et de ce qui m'attendait. J'ai senti comme un nœud coulant autour de mon cou.

Dupont m'a dévisagé avec une surprise rayonnante de sympathie. Il adorait sa fille. Il avait connu des années durant ce calvaire des parents fortunés, responsables d'une fille laide, qu'ils désespèrent de voir heureuse. Il avait enfin devant lui l'homme qui lui avait baisé sa fille à l'œil, pour le plaisir. Des types comme ça, il ne faut pas les laisser filer!

– Ravi de vous revoir! m'a fait Dupont, qui était physionomiste. Vous avez l'air plus sérieux qu'autrefois. Je suis sûr que vous ne confondez plus l'ovaire avec la prostate. Nous allons tâcher de faire quelque chose de vous... Allons d'abord déjeuner au « Château-Trompette »!

C'était parti... Je me suis débattu près d'un an. Ce qu'on appelle « une défense honorable ».

J'étais assiégé par Dupont, un spécimen d'intelligence et de volonté, un esprit rapide, capable de tact et d'intuition, qui m'a traité comme il eût fait d'une greffe rénale : épuisant toutes les astuces jusqu'à ce que ça marche droit. J'en arrivais à rêver de ce Dupont, de ses moustaches agressives à poil dur, de ses yeux pénétrants derrière ses lunettes d'écaille de tortue marine, de ses papouilles viriles sur ma joue, de sa poigne sur mon avant-bras quand il me consentait des confidences flatteuses pour me mieux rouler dans la farine. Il faisait alterner les propos les plus enjôleurs avec le sous-entendu peiné et terrifiant : que deviendrait un garçon qui s'était permis d'attenter à l'honneur d'une beauté Duponne s'il se refusait indéfiniment à tirer les conséquences de ses actes ? Le bras d'un Dupont s'étendait de Bordeaux à Paris, de Paris à New York... Ne me manquerait-il pas des appuis, à l'occasion ? J'étais entre la trique et la carotte.

Mon grand argument, avec mon futur beau-père, était que – l'amour étant sauf – j'eusse souhaité un mariage d'argent. On peut accepter la tête haute l'argent d'une jolie fille. D'une moins jolie, c'est impossible. Le ver du soupçon serait dans le fruit conjugal, le public jaserait... Ce qu'il fallait à Mlle Dupont, c'était un prétendant beaucoup plus fortuné que moi, un oiseau rare, un phénix, qui ne saurait être taxé de vilenie.

Dupont scrutait le ciel avec scepticisme dans l'attente du phénix, mais il était sensible à ma démonstration, où le bonheur de sa fille était intéressé. À force de retourner l'affaire, il a proposé d'acheter une clinique à Christine, que je dirigerais. J'aurais ainsi l'allure d'un honnête travailleur et je pourrais dormir du sommeil du juste, mon contrat de séparations de biens sous mon traversin. L'hypothèse était alléchante...

(Le comble est que j'ai fait tout de même un mariage d'argent, mais *a posteriori* : après deux ans de mariage, sous prétexte de faciliter la gestion, Christine a tenu à ce que ses 66 % de parts devinssent indivises entre nous, transmissibles au dernier vivant. Elle était au fond si désireuse de m'enchaîner par le poids de toutes les bontés possibles que je n'ai pas su refuser. On n'échappe pas au fric.)

Mais si j'étais assiégé par Dupont, ce siège n'était rien à côté de celui de Christine, qui mettait à me captiver toute la passion, toute la finesse, toutes les grâces si particulières dont elle était capable. Les jolies filles croient que le monde entier leur est dû et apportent à leurs conquêtes une certaine négligence. Les laides cravachent comme des fourmis pour tirer dans leur antre la proie qui fait le dos rond. Elles en deviennent géniales. C'est un merveilleux spectacle.

Avec Christine, mon grand argument était que je craignais de la décevoir. Non que ses charmes fussent insuffisants : les laides font au contraire les meilleurs partis, toujours à imaginer par où elles pourraient plaire davantage à celui qu'elles ont la faiblesse de juger irremplaçable, au lieu de se reposer bêtement sur leurs lauriers. C'est le mariage en soi qui me faisait hésiter.

Mes confrères et moi-même avons si bien travaillé que les unions s'éternisent. On avait jadis des chances raisonnables d'enterrer sa femme dès qu'on en avait abusé. La couche nuptiale penchait vers le cercueil. De nos jours, il y a plus que jamais contradiction entre la nature humaine et les lois, qu'elles se prétendent laïques ou métaphysiques.

Faute peut-être d'avoir entretenu des liaisons suivies, je m'imaginais mal, en dépit de ma bonne volonté, dans la situation du chien à l'attache, qui lape la même écuelle jusqu'à ce que mort s'ensuive. Je me voyais manquant d'appétit prématurément, l'écuelle fût-elle enrubannée. Christine me rétorquait qu'il ne tenait qu'à moi de laper un moment sans attache pour me fixer les idées...

Expérience pourrie de faux-semblants, et qu'on ne saurait trop déconseiller !

Les naïfs se figurent qu'ils ne doivent pas épouser sans coucher auparavant, de manière à pratiquer en toute loyauté des essais aussi probatoires qu'instructifs. Mais en couchant avec sa future on n'apprend naturellement rien des conditions générales du mariage, puisqu'elles ne sont pas encore réunies. Et quant à l'harmonie des sexes, non seulement on n'apprend rien, mais on est induit en erreur. On se frotte à une fille qui trompe sans même le faire exprès, n'offrant de sa personne que des images épisodiques et fragmentaires, parmi les mieux apprêtées et les plus flatteuses. Le charme piquant de ces nouveautés excite l'amateur à des performances qui l'abusent sur ses moyens, et la baisse de rythme brutale qui suivra le mariage fera d'une fiancée magistralement foutue une épouse amère et désenchantée, flairant un abus de confiance dans un simple défaut de méthode.

Je me rappelle avoir honoré Christine certain soir – sa canne à ma main, vu que je lui donnais un autre appui – sur le palier du cinquième de son immeuble, pour le plaisir de salir le paillasson d'un député UNR. C'est un de mes plus doux souvenirs d'amour. Les gens mariés retrouvent difficilement cette veine insolente s'ils l'ont épuisée avant les noces.

Il est étrange qu'un homme d'expérience comme Jean-Jacques Pauvert ait pu écrire : « C'est un important problème d'avenir que celui du “ mariage à l'essai ” ou de la revalorisation des fiançailles par des rapports sexuels non procréateurs[1]. »

1. Le docteur Simay, alité et rédigeant ses notes sans références, fait évidemment confusion. La dernière fois que nous avons dîné avec notre cher Jean-Jacques, il nous a confirmé en riant qu'il éditait assez de blasphèmes pour ne pas éprouver le besoin de blasphémer en personne. Son érudition étant immense, il nous a suggéré que le docteur Simay avait dû le confondre avec un certain Jean-Marie Paupert, théologien catholique de nuance progressiste. Par acquit de conscience, nous avons épluché les œuvres de ce monsieur : *Quelle est donc cette Bonne Nouvelle? Pour une politique évangélique, Peut-on être chrétien aujourd'hui?*... Nous désespérions, quand nous avons enfin découvert la citation de Simay dans *Contrôle des naissances et théologie*, éditions du Seuil 1967, p. 123, lignes 9 et suivantes de la note. L'hypothèse selon

Je me méfiais, mais j'avais déjà possédé Christine une fois : je lui aurais fait une injure grave en refusant de récidiver...

Je suis ainsi arrivé au mariage les pattes en coton, avec une Christine débridée. Le mariage étant une bataille d'usure, l'homme ne devrait pas y risquer sa peau avant l'heure.

19 août.

Le rhume de ma chérie blonde va mieux. Elle doit reparaître bientôt.

La cérémonie du 4 septembre 58 aurait dû être pour moi une réussite. Les formalités civiles avaient été expédiées l'avant-veille sans incident. Christine fermait les yeux de bonheur dans une robe blanche qui traînait à terre : elle n'avait jamais été plus jolie. Dupont triomphait et songeait déjà à se remarier avec cette jeunesse qu'il devait épouser l'année suivante (j'ai une belle-mère de mon âge !). J'étais moi-même dans cet état d'esprit doux et bienveillant que donnent la certitude de l'irréparable et la conviction de faire un immense plaisir à beaucoup de monde, mais à peu de frais. Toujours ma sacrée sensibilité !

Quand je suis entré à Sainte-Croix au bras de la grand-tante de Villefranche-de-Rouergue, mon unique souci était que j'avais oublié mes gants dans ma voiture. Quand le prêtre dirait : « Dégantez-vous ! », en vue de l'échange des alliances, j'aurais l'air stupide. C'était peut-être un cas d'annulation...

laquelle Monsieur Paupert serait à la solde des pires intégristes, résiste mal à l'examen. Ses réjouissantes maladresses lui sont toutes naturelles.

Je me suis distrait à la pensée de cette charmante vieille maison de Caudégnan, que j'étais parvenu à acquérir de mes deniers en liquidant mes biens de Dordogne, et où j'allais me retrouver marié à la nuit, aussi désorienté qu'un matou que l'on transplante et qui saute de sa panière dans un nouvel espace vital.

J'ai pris place dans le chœur à côté de Christine, et j'ai parcouru les voûtes du regard en attendant que la liturgie commence. Le curé avait du retard...

J'aime beaucoup les églises romanes du Sud-Ouest. Les unes, hélas! sont en ruine. Les autres ont été restaurées au XIXe par des émules de Viollet-le-Duc, avec des résultats discutables. Sainte-Croix de Bordeaux a été remis à neuf par Abadie, qui s'est attaqué aussi à Saint-Front de Périgueux et à Saint-Pierre d'Angoulême, où l'on pouvait lire, à mon dernier passage, ces majuscules gravées en lettres d'or dans un marbre blanc :

MALGRÉ LES RESTAURATIONS D'ABADIE,
CE MONUMENT PRÉSENTE ENCORE
UN CERTAIN INTÉRÊT, etc.

Un soir d'hiver que je parcourais la plaque, le fantôme d'un vieux monsieur, très maigre, tout nu et grelottant, qui devait lire et relire cette plaque depuis la pose, m'a pris à témoin *ex abrupto :*

– Remarquez, Monsieur, qu'ils n'ont pas mentionné mon prénom. Je suis en effet un homme célèbre, à la page « une » des bons dictionnaires. J'ai restauré Notre-Dame de Paris en 1845, j'ai tracé les plans du Sacré-Cœur de Montmartre en 1874... ABADIE, en matière de vandalisme, c'est tout dire! Il n'est pas besoin de rajouter PAUL. Et remarquez en outre comme cette inscription me taxe d'incapacité dans le vandalisme même, ce qui est une vraie gageure! J'aurais consacré tout mon savoir, toute ma conscience, toutes mes veilles à ce monument, et il PRÉSENTE ENCORE UN CERTAIN INTÉRÊT... »

L'amertume du malheureux Abadie était compréhensible. J'ai admis de bonne grâce que l'inscription était ignoble et parfaitement déplacée.

– Comment expliquez-vous, ai-je demandé, que l'ingratitude la plus noire, la méchanceté la plus basse et la plus cynique, le sadisme le plus lapidaire s'affichent de la sorte en lettres d'or dans une des principales églises de France, en totale contradiction avec le B.A. BA de la doctrine?

Le fantôme, dont l'œil brillait d'une lueur bizarre, m'a affirmé confidentiellement

– Le curé d'ici est athée!

– Pas possible! ai-je fait avec une politesse un peu incrédule.

Abadie s'est alors penché vers moi pour me confier une simple réflexion, qui m'a beaucoup frappé :

– De vous à moi, Monsieur, entre nous, sincèrement, si vous étiez curé de cette paroisse, et si vous étiez sûr, ce qui s'appelle sûr, de me rencontrer là-haut bien vivant, est-ce que vous laisseriez ces injures publiques sous mes yeux, alors qu'il est si facile de les faire disparaître? Non, n'est-ce pas? Vous n'êtes pas fou! Eh bien, Monsieur, je m'en vais vous dire un modeste secret : la plus grande surprise, pour ce curé, ça ne sera pas de voir Dieu, de sera de me voir, moi!

Le curé de Sainte-Croix a fait enfin son entrée avec ses enfants de chœur. Il n'avait pas l'air plus athée que la moyenne...

Je me suis incliné devant la robe blanche de Christine, et j'ai murmuré :

– Tu m'as dit que tu avais perdu la foi du moment que tu avais cru comprendre que tu n'étais pas jolie. Mais voilà des mois que je me crève à remonter ton handicap! Ne t'aurai-je pas rendu la foi, par hasard? Ne fût-ce qu'un soupçon?

Christine a médité, et a répondu que mes dépenses physiques avaient été trop brèves pour aboutir à des résultats métaphysiques. Les filles de médecin sont comme ça : terre à terre, joue à joue, boue à boue jusqu'à la poussière finale.

En m'inclinant, j'avais été saisi d'une vision : à gauche, un peu en arrière, au premier banc réservé à la belle-famille une jeune personne bavardait avec Dupont en souriant. C'était le positif d'un ange dont Christine eût été le négatif. D'où j'étais, je ne pouvais voir les ailes mais les jambes étaient adorables : des jambes de danseuse turque! D'ailleurs, étant plus ou moins athée, je ne tenais pas précisément aux ailes. Il était même probable que je n'en méritais pas.

J'ai fermé les yeux, je les ai rouverts : l'ange était toujours là.

Je me suis informé auprès de Christine

– Quelle est cette horreur en bleu pâle, qui boite des deux jambes pour marcher plus droit?

– Mais c'est ma sainte nitouche de sœur! Elle vient de débarquer de Londres pour la messe.

J'ai détourné mon regard sur le curé et les enfants de chœur qui s'agitaient, mais je ne voyais plus que l'ange, dont le sourire virginal s'animait en surimpression.

Complot ou hasard, j'avais raté cette sœur cadette Martine à la Noël, puis à Pâques, et l'on ne m'en avait montré qu'une photo d'identité, où le sujet paraissait loucher sur le petit oiseau du photographe. Martine était attendue vers la mi-août à la villa Dupont d'Arcachon, et j'aurais dû l'y apercevoir. Mais fin juillet, alors qu'elle faisait une croisière en Méditerranée, son bateau, une vaste périssoire armée de bric et de broc par un mercanti du Pirée, avait abordé par nuit claire un pétrolier de la Standard Oil of New Jersey. Aussitôt, les Spartiates de l'équipage s'étaient précipités sur les passagers pour les dépouiller et les jeter à la mer, tandis que les Athéniens se ruaient aux embarcations en piétinant tout sur le passage. Le capitaine, un Béotien, s'était fait assommer à coups de béquilles par une vieille Anglaise qui prétendait évacuer le navire à son idée. L'affaire avait été si scandaleuse que la grande presse avait eu du mal à l'étouffer. À la suite de cette mésaventure choquante, Dupont avait payé à Martine aux frais des Lloyds quelques semaines de repos dans un éden londonien.

Pendant que la liturgie suivait son cours, je glissais de temps à autre un clin d'œil en arrière, afin de renouveler mes provisions de fraîcheur et d'innocence. Le jeu d'un facteur récessif avait fait mon ange tout blond et ses yeux pers étaient un lac dans l'attente qu'un enchanteur y jetât son anneau. Il me semblait de plus en plus anormal que ma belle-sœur fût vierge et que ma propre femme ne le fût point. C'était comme s'il y avait eu maldonne.

Je me suis agenouillé rêveur, tracassé par ce dicton primitif de Sicile, que je n'arrivais pas à chasser de mon esprit : « De toutes les filles déshonorées, celle qui l'est le plus sûrement, c'est celle que tu as déshonorée toi-même. Laisse-la donc épouser par le voisin! »

J'ai dit « oui » pour ne vexer personne, avec le

sentiment d'une faiblesse irréparable. Mais la foule me poussait par les épaules, Dupont me guettait, Christine était suspendue à mes lèvres, et j'avais de l'amitié pour elle. Il n'y avait rien d'autre à faire que de dire « oui ».

En tout cas, si ces feuilles n'étaient pas promises à l'incinérateur, je serais bien placé pour donner ce conseil aux jeunes gens : ne vous décidez pas à épouser avant d'avoir fait l'inventaire de toutes les sœurs de la famille, n'y en aurait-il que deux ! C'est l'amour maternel ou paternel qui mène le monde et les parents sages sont comme les marchands des quatre-saisons, qui font partir en premier leurs salades mangées par les limaces, cachant les plus belles sous le comptoir au profit des amateurs éclairés. Il est impardonnable de se tromper de sœur par pure négligence.

La messe m'a paru longue, malgré la qualité de la manécanterie : j'étais impatient de faire la connaissance de Martine, à la faveur du déjeuner et de la réception subséquente, dans le magnifique appartement où Dupont avait entassé des chefs-d'œuvre de mobiliers, acquis surtout dans des ventes aux enchères.

Plus je regardais Martine à la dérobée, plus j'étais séduit. J'avais à peu près ignoré jusqu'alors ce que les autres appelaient « amour », et j'avais l'impression de découvrir ce phénomène, qui me faisait les paumes moites et les idées confuses. L'amour tient beaucoup de la grippe : agression subite et contagieuse, virus mal connu, soins aléatoires, rechutes...

À la réflexion, je me demande si l'émouvante atmosphère de la cérémonie, en mettant ma sensibilité en état de moindre résistance, n'aurait pas été pour quelque chose dans l'éclosion de ce sentiment. Un souffle me fait frémir, une brise me bouleverse : Dumlupinar m'avait jeté sur Christine, comme un aventurier; mon mariage, fête plus sérieuse, a placé le médaillon d'une ingénue au fond de mon cœur – avec une épingle.

Durant le déjeuner, Martine a été accaparée par un lieutenant-colonel qui lui expliquait ses revers avec de la mie de pain : les boulettes des viets ou des fellagha étaient plus petites que les siennes, mais elles couraient plus vite. La plus grosse boulette du colonel a fini par tomber sous la table, et le stratège bedonnant n'a pas eu le courage de la ramasser.

Durant la réception, c'est moi qui ai été accaparé par des inconnus qui brûlaient de me féliciter. Mais leurs compliments étaient maladroits. C'est le lot ordinaire des hommes qui épousent des laides que d'être suspects. On veut à tout prix les soupçonner de n'importe quoi, pour les punir de s'être dévoués.

Martine, au contraire, m'a embrassé avec une curiosité naïve et spontanée. À peine majeure, elle se demandait depuis des mois quel était ce garçon qui avait bien pu se décider à coucher avec une canne sans même exiger de dot. Elle subodorait dans l'affaire tout un roman qui l'excitait. N'osant trop expliquer mon cas par les vertiges de l'amour devant une fille qui me troublait, j'ai joué au Don Quichotte sans conviction.

Nous avons dansé une valse, danse chaste, et nous en sommes tenus là pour ne pas désobliger Christine.

Quand on m'a arraché à cette réception qui aurait pu me dégriser, j'étais comme ensorcelé. Les paroles les plus banales de Martine avaient sonné à mes oreilles telles des promesses de bonheur.

Le soir, dans notre vieille maison de Caudégnan

qui sentait la peinture, j'ai fait comme tous les maris qui se sont donnés à fond pendant leurs fiançailles : j'ai commencé de me reposer en rêvant à un parfum étranger.

20 août.

Émotion atroce après déjeuner : la porte s'ouvre, Carole s'efface, j'entends des pas nerveux dans le couloir, les pas de Martine... C'était ma belle-mère ! J'ai fait bon visage. C'était gentil à elle de se déranger.

Elle n'est pas demeurée bien longtemps. Mal à l'aise, elle faisait effort pour ne pas fixer mon plâtre, et ne savait trop que dire.

Sa fille aînée casée, qui était son gros souci, Dupont s'est enfin payé en fait de femme ce qui lui plaisait. Il ne s'est pas payé une intelligence, mais une beauté de bonne éducation, qui assure depuis près de dix ans le repos du guerrier sans chercher des poux dans son casque.

La mère de Christine et de Martine, elle, n'avait ni beauté ni esprit, à ce que l'on raconte. Son intérêt, c'était un cœur d'or, et de la morue en gros. Il est surprenant de constater que, la plupart du temps, ce ne sont pas les pauvres qui cherchent à faire des mariages d'argent, ce sont des individus qui ont déjà du foin dans leurs bottes et qui brûlent d'y mettre du vison.

La roue tourne... Le vison était en écharpe au cou de ma belle-mère, qui s'est plainte d'une saute de température, et j'ai encore dans les narines des effluves capiteux qui font oublier la morue.

La visiteuse partie, j'ai prié Carole d'ouvrir la fenêtre un instant, et elle a fini par y consentir. J'ai respiré un air frais, qui n'était plus effectivement celui du plein été. Ce contact avec l'extérieur, avec cet air insouciant qui faisait courir tant de jambes à Caudégnan et ailleurs, m'a fichu un coup de bambou. Je ne demanderai plus qu'on ouvre la fenêtre. Le système de climatisation est d'ailleurs tout à fait au point – bruit excepté. Mais ce ronronnement fera bientôt partie de moi-même.

21 août.

Carole me dit que ma belle-sœur a la grippe. Martine pourrait quand même me faire passer un mot innocent pour m'assurer de sa sympathie et de ses vœux – où je lirais en transparence tout ce que je voudrais...

J'ai reçu d'elle ce matin une simple carte partie de Séville le 13 août avec cette phrase : *J'apprends l'accident par Christine avec beaucoup de retard et vous souhaite une prompte guérison.* Dans le *cordialement,* dans le *Martine,* j'ai imaginé des trésors de tendresse, mais une seconde dose un peu plus élaborée ne me ferait pas de mal.

Si ces notes étaient destinées au public, j'y parlerais plus souvent de la présence de Christine à mon chevet. C'est hélas! le salaire des dévouements de femmes que de paraître à la longue tout naturels et de passer presque inaperçus. Le clochard ne voit plus la petite sœur des pauvres, qui fait partie du décor. Si Dieu ne la voit pas non plus, personne ne la voit. C'est triste.

Je dois préciser à ma décharge qu'en dix ans de mariage, Christine et moi nous sommes dit tout ce que nous pouvions décemment nous dire. Sacha Guitry lui-même, dont la faconde était pourtant intarissable, prenait la précaution de renouveler ses femmes de temps à autre...

10 h 30 du soir.

Mon ange s'est éclipsé la nuit de mon mariage, pour ne plus reparaître que de loin en loin, l'espace d'une fête de famille, d'un court séjour à la villa d'Arcachon...

Martine poursuivait des études assez confuses de langues et de secrétariat, qui la promenaient de Paris à l'Angleterre, de l'Angleterre à l'Italie, de l'Italie à l'Allemagne. La fille étant divine, je doutais que le travail fût bien sérieux. Les dieux ne travaillent guère. Ils font la sieste ou ils souffrent du cœur.

De mon côté, j'étais absorbé par la mise en marche de la polyclinique, par le rodage de l'association avec Friquet et Bertier, par une avalanche de malades qui m'apprenaient enfin la médecine. Désœuvrée, Christine s'occupait en fin de mois de la comptabilité de l'entreprise, donnant à ses études supérieures de maths une application aussi subalterne qu'inattendue.

Martine me serait peut-être sortie de l'esprit si elle n'était venue ranimer imprudemment la flamme dès qu'elle commençait à faiblir.

J'ai vu ma chérie blonde à la Noël 58, madone d'hiver intacte sous sa fourrure. Je l'ai revue en juin 59 au remariage de Dupont, madone de printemps intacte sous la soie. J'ai eu l'agacement de la revoir une semaine en août à Arcachon, flirtant avec trois escogriffes luxueux et luxurieux qui, Dieu merci! se neutralisaient, malgré les dimensions d'un mini-bikini, qui était une excuse à tous les attentats...

J'ai eu le vif déplaisir enfin de la retrouver à la Noël 59, changée. La nuance était imperceptible, mais les amoureux sentent ces choses-là comme des chiens courants. Quelque part, dans une Mercedes des bords du Rhin ou dans une forêt primitive *(Urwald* en allemand), des mains païennes m'avaient déchiré mon ange sans rémission. C'est insensé la liberté de mœurs dans ces Allemagnes depuis que les soldats russes y ont violé quelques millions de travailleuses en arrivant ! Ils ont donné là un bien fâcheux exemple...

La nouvelle Martine m'a bizarrement troublé. Ce qui n'avait été qu'une image de noces, un sujet de rêves exclusifs, un petit coin de jardin clos de murs au creux d'une âme insatisfaite, prenait tout à coup des allures de réalité tangible du moment que les aurochs de Germanie m'avaient frayé la voie – à moi et à bien d'autres, hélas ! Mon goût profond pour Martine a ainsi débuté dans les affres d'une impuissante jalousie, le dernier travers dont j'eusse cru susceptible ma nature libérale.

Je ne pouvais que me taire en espérant contre toute espérance. La moindre bêtise eût entraîné des catastrophes.

Le 1er janvier 60, vers une heure du matin, Martine s'est arrachée aux confetti et aux mirlitons pour m'entraîner à part dans un petit salon de son papa. Elle s'était aperçue que l'Allemagne lui avait fait un cadeau et, toute désemparée, elle se recommandait à l'aimable beau-frère, au distingué médecin, pour obtenir une bonne adresse. Et la pauvrette de loucher sur son ventre plat comme si elle eût été surprise que des choses pareilles pussent encore arriver aujourd'hui.

Le tableau était si pitoyable que la tentation m'a effleuré d'expédier Martine à Bertier, toujours besogneux, qui se serait peut-être laissé tenter par l'appât du fric et la sécurité amicale du coup de patte. Mais j'étais trop sensible pour voir ça sans chagrin, et Bertier aurait bien été capable de mettre à profit mon absence pour me violer Martine à la russe...

J'ai dit ce que les médecins français disent d'ordinaire dans ces cas-là, ce que j'avais répété trois semaines auparavant à une verte grand-mère, qui s'était fait engrosser, à ce qu'elle assurait, par l'ectoplasme de son défunt mari, lors d'une séance de spiritisme assez obscure : « Je risquerais, Madame, à vous faire plaisir, dix ans de tôle, ma carrière et 3 600 000 F d'amende plus les frais. Un État peut suivre une politique cohérente, à l'espagnole ou à la japonaise, exterminer les avorteurs ou leur distribuer des médailles. La France a adopté la pire des solutions bâtardes : elle pourchasse efficacement les médecins que tenterait cette spécialité, mais elle laisse courir en pratique les plus dangereux gâche-métier. Dans ce pays, pour soulager sans histoires la femme de ses imprudences, il suffit d'être incompétent. Par malheur, ce n'est pas mon cas, et vous m'en voyez désolé... »

J'ai eu beau envelopper ma déclaration de toutes les fleurs de la sympathie, Martine a été horriblement déçue que je me lave les mains de son affaire à la pierre-ponce-pilate. Mais l'argument l'a touchée, selon lequel il ne fallait pas exposer aux hasards d'un scandale le prestige du professeur Dupont. Elle était mauvaise mère et bonne fille.

Martine a dû rencontrer une concierge bordelaise pleine de gros rouge qui tache, ou un honorable praticien vaudois comptant les anges par septante, octante et nonante... Je n'ai plus entendu parler du bébé germanique, qui est allé rejoindre son Führer ou saint Charlemagne, suivant que le dieu farfelu des protestants l'avait prédestiné d'une manière ou d'une autre.

Cet hiver 59-60 a achevé de me convaincre que

mon mariage n'était qu'une monstrueuse erreur, l'ultime illusion d'une longue adolescence préoccupée de réduire sa solitude par tous les moyens qui s'offraient.

Il y a des brutes qui ne rougissent pas de divorcer dans ces conditions. Affaires d'intérêt mises à part, il m'eût été impossible de traiter Christine de la sorte...

Elle n'était guère désirable pour le commun des mortels : sur terre, elle n'avait trouvé que moi qui voulût bien reconnaître la valeur de ses charmes, lui accorder ce que toute femme est en droit d'attendre de la vie. Un abandon brutal l'aurait brisée.

Or j'éprouvais à son égard trop d'estime et de tendresse pour lui faire cette peine affreuse, la vue de son bonheur me donnait trop d'agréments. Je ne l'aimais pas, sans doute, au sens littéraire du terme, mais c'était un motif de la ménager davantage : il est plus facile de décevoir une femme aimée qu'une amie, car les ardeurs et les contradictions de l'amour font passer des cruautés qui meurent avant d'éclore sur les lèvres froides de l'amitié.

Mon incapacité radicale à faire souffrir Christine, à supporter une seconde un regard désespéré, me vouait à une charitable comédie. Beaucoup d'hommes sensibles la jouent à ravir. Je n'étais pas plus maladroit qu'un autre. L'habitude des malades me donnait même un certain raffinement dans le pieux mensonge et dans la tromperie la plus délicate...

22 août.

Christine me confirme que la grippe de Martine la retient au lit. Pour ne rien m'écrire, elle doit être assez souffrante.

Nouvelle visite de politesse de Friquet après déjeuner, sous la supervision de Carole. Histoire de dire quelque chose, nous avons parlé de mon accident...

Je revois nettement ce départ en vacances à l'aube, ces petites routes sinueuses et ombragées de l'Entre-Deux-Mers, que nous avions prises comme d'habitude, pour éviter le gros de la circulation qui montait sur Paris. Mais je n'en revois pas très long : je m'étais endormi. Le soir, je suis lucide; le matin, j'ai du mal à me réveiller. Christine le sait si bien qu'elle avait tenu à prendre le volant, après m'avoir fait avaler deux cachets contre le mal de voiture. Je n'ai pas mal au cœur quand je conduis, mais j'y suis exposé dès que je ne conduis plus. C'est dans un virage, près de Castelviel, que Christine a jeté la décapotable sur un arbre en croisant une camionnette. Je n'ai jamais eu confiance dans ces accélérateurs à main qu'elle faisait monter à son usage sur toutes nos voitures, en sus de la commande ordinaire. Elle n'avait pourtant causé aucun accident grave auparavant...

– C'est une veine, m'a fait observer Friquet, que Bertier soit justement passé par là dix minutes après la fuite de cette camionnette! S'il n'avait pas été appelé d'urgence en consultation à Sauveterre-de-Guyenne, vous auriez pu attendre longtemps des secours!

C'était en effet une veine. Quand on entre dans un arbre, assis à la place du mort... quand on

« rentre » plutôt – certaines fausses notes, sur le violon d'une langue, sonnent mieux que les vraies – il est préférable d'être secouru en vitesse par un spécialiste qui ne fera pas de bêtises.

– C'est encore une veine, a repris Friquet, qu'il n'y ait pas eu de fractures ouvertes!

Incontestablement, c'était encore une veine.

– Et quelle chance que Mme Simay s'en soit tirée avec des égratignures! a ajouté Friquet, dont l'optimisme était décidément inépuisable.

Christine avait dû à sa légèreté de faire un vol plané hors de la voiture, pour atterrir dans des buissons.

Je n'ai pas voulu être en reste d'optimisme.

– J'ai surtout eu la veine d'être assommé par le choc, d'être traité sous l'anesthésie de Carole, qui est une fée, de me réveiller sous la morphine dans un plâtre bien blanc! Je n'aurai pratiquement pas souffert. Bertier a pu interrompre la morphine trois jours après mon réveil...

– Ah! la souffrance! a fait Friquet, pénétré. Quelle chose horrible!

Il n'y a qu'un gâteux pour émettre des platitudes pareilles! Au moment où je me cassais la gueule, Friquet était en route vers une course de taureaux, après s'être aspergé d'eau de Cologne. Étant gâteux, il doit penser que les taureaux ne souffrent pas.

23 août.

Vendredi. Un peu plus d'un mois de plâtre. C'est le vendredi 19 juillet que ma pauvre Christine m'a privé innocemment de mes deux jambes, pour me récompenser de l'avoir épousée boiteuse. Les femmes n'en font jamais d'autres!

Je me demande si ce n'est pas un vague remords – bien injustifié ! – qui aurait décidé Christine à me sacrifier ses nuits. Elle ne saurait me reprocher un mot de reproche pour sa maladresse, mais elle a pu lire dans mon silence tout ce qui n'y était pas. Rien de plus éloquent qu'un silence qui induit en erreur. Il n'est pas facile de le faire taire.

10 h 15 du soir.

Au printemps 60, il s'est passé un événement merveilleux : Martine, qui faisait valoir à Paris un vague titre de secrétaire de direction, a rendu son tablier sous prétexte qu'une bande de PDG obsédés sexuels en voulaient à sa vertu, et elle a décidé de consacrer ses soins à l'administration de la polyclinique, qui laissait en effet à désirer. S'il faut son poids de balles pour tuer un type sur le champ de bataille, il faut en tout cas son poids de paperasses pour lui faire son affaire en clinique. Tous les médecins en sont exaspérés.

Je ne m'explique pas qu'un homme de l'expérience de Dupont n'ait pas découragé la décision de sa fille cadette. À croire qu'il tenait à me la donner en prime pour me remercier d'avoir épousé l'aînée ! Et je m'explique mal que Christine n'ait pas levé plus d'obstacles devant ce projet. Elle aimait bien sa sœur, mais elle la préférait au large. Sa jalousie était naturelle, instinctive – et d'ailleurs, parfaitement fondée. Il est vrai que des raisons avouables pour refuser cette situation à Martine n'étaient pas faciles à découvrir. En apparence, la combinaison arrangeait toute la famille.

Le comble du merveilleux est que Caudégnan n'offrant dans l'immédiat à Martine aucune résidence conforme à ses vœux, elle a vite suggéré qu'elle serait à ravir dans la maisonnette, au fond du jardin, pourvu qu'on y donnât un bon coup de balai : comme « Les Rameaux » sont bâtis à la sortie sud de la ville, à proximité de la polyclinique, elle aurait ainsi l'avantage d'être à pied d'œuvre pour son travail.

Je ne sais si Christine eût accepté l'intrusion, mais Martine s'est fiancée sur ces entrefaites à un noble propriétaire terrien des environs de Monségur, ce qui donnait à l'accueil une allure rassurante de provisoire.

Dès juin, ma belle-sœur vivait ainsi tout près de moi, embellie encore par ses retrouvailles avec l'air de sa province natale, qui fouettait le sang neuf des amours dans un corps jeune. Le matin, tandis que ma chérie brune sommeillait derrière mon dos, je n'avais qu'à entrouvrir les volets pour distinguer, sous les branches du pin parasol, la fenêtre éclairée de ma chérie blonde à sa toilette. C'était délicieux! Si délicieux que j'avais de la peine, cent fois par jour, à ne pas trahir mes émotions. J'ai dû m'appliquer, dès cette époque, au contrôle de soi le plus sévère, et m'efforcer à dissimuler jusque dans les balbutiements qui s'échappaient de mes rêves, exercices d'autant plus pénibles que ma nature était plus franche.

Du moins, Christine trouvait-elle à cette situation des plaisirs inespérés. Le soir, après dîner, nous prenions le café à la bibliothèque, où les deux sœurs bavardaient, assises côte à côte sur le divan. Martine n'arrêtait pas de croiser et de décroiser les jambes, pour me faire apprécier toutes les culottes de son trousseau. J'en devenais fou! Martine partie, il m'arrivait de prendre sa place et de culbuter bientôt Christine dans les coussins avec toutes les ardeurs d'un fiancé. Elle en demeurait si satisfaite qu'elle souhaitait parfois visiblement que Martine avançât un peu son départ. En matière conjugale, il n'y a que la foi qui sauve.

Par malheur, les fiançailles de Martine semblaient sérieuses, en dépit de leur précipitation. Elle avait eu le coup de foudre pour une espèce de grand veau à l'œil candide, qui avait toujours de la terre de vigne aux pieds quand on le voyait. Ces fiançailles étaient mon cauchemar !

À tel point que j'ai failli faire une infamie : plusieurs fois, j'ai rédigé – et déchiré – des lettres anonymes où défilaient des régiments de Teutons à la braguette en désordre, des PDG parisiens lubriques, des avorteuses bordelaises aux moustaches toutes barbouillées de sang, la tringle à rideaux à la main...

La Providence veillait : ce premier fiancé est passé sous un tracteur le soir du 14 juillet.

Martine s'en est alitée huit jours, et nous avons eu du mal à lui rendre son sourire. Elle se croyait amoureuse pour de bon.

À l'automne 60, afin de consoler Martine, papa Dupont lui a donné de quoi transformer sa maisonnette en Petit Trianon, avec cuisine futuriste, frais dont Christine et moi-même n'avons pu que la remercier. J'y ai perdu de ne plus la manger des yeux aux repas les jours de semaine. J'y ai gagné un espoir de permanence, qui s'est vite révélé fragile...

À partir de décembre 60, Martine s'est mise à lever des fiancés partout, des vrais et des faux, comme des lapins de garenne, et des fiancés assez convenables par occasion.

Je n'avais qu'à serrer les dents et à parer les coups de mon mieux. Ce n'est pas quand une fille est possédée de la rage aveugle de se marier que son beau-frère lui fait du plat avec des chances raisonnables de succès. Il me fallait attendre, pour me déclarer, une période de découragement matrimonial, qui me ferait au moins passer pour un intermède agréable, une pratique commode à ne pas manquer. Dans cette attente, j'étais le confident tout désigné de ces amours maudites dont les conceptions brillantes avortaient en eau de boudin.

Ulysse a eu la joie de massacrer tous les prétendants d'un seul coup. Moi, j'ai dû les repousser à mesure, comme des rochers de Sisyphe...

La première parade était de débiner le prétendant. Le bon usage condamne à juste titre la lettre anonyme, mais les calomnies ou médisances verbales ont reçu droit de cité, puisque tout le monde en use. Le problème consistait à couvrir le fiancé de fleurs, en glissant par mégarde dans le bouquet un choix d'épines qui donneraient à réfléchir. Ce n'était pas si aisé! Martine est moins intelligente que Christine, mais elle n'est pas bête du tout sur les choses qui lui tiennent à cœur. Les esprits désintéressés sont plus faciles à circonvenir que les autres, qui puisent de surprenantes lumières dans les ressources de leur égoïsme.

La seconde parade, qui répugnait davantage à ma délicatesse, était de médire savamment de mon ange déchu à l'oreille complaisante d'un imbécile. C'est incroyable ce que je suis parvenu à faire croire! La crédulité des gens n'a pas de limites dès qu'on met un peu de brio dans les insinuations.

J'ai pourtant connu des cas rebelles, qui m'ont amené au bord de la dépression nerveuse. Je ne puis en particulier songer à Arthur de Cadaujac sans grincer des dents!

Cet Arthur était trop bête pour saisir les insinuations, trop rusé pour qu'on lui parlât ouvertement. C'était un placide, qui n'était féru que de pêche de rivière et de pêchers. Martine s'en était toquée, et alors que j'avais évité le pire durant tout 61, Arthur me privait de sommeil dès mars 62. Le printemps s'annonce comme une période critique pour les filles que chatouille la couleuvre de l'hymen.

J'avais mis en confiance ce prétendant-là, qui avait dessein d'épouser avant la récolte de ses fruits, en le faisant discourir sur ses quarante hectares de plantations. Arthur distinguait les années catastrophiques, où les froidures anéantissaient tout espoir, les années catastrophiques de surproduction, où les prix s'effondraient, les années catastrophiques de production moyenne, où la concurrence de l'Italie infligeait de sévères mécomptes. Il n'imaginait pas qu'il pût y avoir de bonnes années, mais il persévérait avec cet entêtement cyclopéen, ce masochisme grandiose de l'agriculteur français évolué.

En avril et en mai, j'ai gaspillé des heures précieuses à pêcher à la ligne sur la Garonne avec Arthur : c'était l'unique moyen de le voir à loisir pour tâcher de l'incliner à des projets moins douloureux.

Je garde un souvenir atroce de ces séances de pêche...

Arthur se refusant à hasarder sa grosse Opel dans des chemins douteux, nous partions en campagne dans sa Fiat minuscule. Les ingénieurs de Turin avaient calculé ce modèle au plus près, en fonction du poids moyen de l'Italien moyen, tenant le plus grand compte des usagers du sud, moins gras que ceux du nord. Il résultait de ces calculs que la Fiat se pliait quand Arthur et moi-même y prenions place : Arthur était épais comme un bœuf et j'étais trop grand. Ce fléchissement de la carrosserie n'aurait eu en soi aucune importance (la Fiat, c'est robuste!), si les portes avaient bien voulu fermer. Or il était important qu'elles fermassent, car elles ouvraient dans le mauvais sens. Mais une pièce droite n'a jamais pénétré dans une pièce courbe en dehors des mystères de l'amour. Il fallait donc sortir de voiture pour boucler ces sacrées lourdes, qui obéissaient alors comme par magie, le véhicule ayant repris sa configuration rigoureuse de cloporte (la Fiat, c'est aussi souple que robuste !).

Le problème eût été insoluble sans la présence du toit ouvrant qui avait été étudié pour l'admission des clients difficiles. Vu qu'il prend l'eau, c'est sa seule utilité.

Ainsi, nous entrions en voiture par le toit. Arthur, si difficile à dérider, trouvait ça drôle. Quand je pensais à la Maserati que Christine m'avait offerte pour notre deuxième anniversaire de mariage, je trouvais ça beaucoup moins rigolo.

Mais ces départs extravagants n'étaient rien à côté de ce qui m'attendait au bord du fleuve...

Je ne parle pas de l'inconfort, du pliant qui me sciait les reins. Je ne parle pas de la solitude... (M. de Cadaujac n'était satisfait que lorsqu'il avait cru s'établir en un coin de Garonne où jamais pêcheur n'avait posé le pied !) Je ne parle pas du silence... (M. de Cadaujac me faisait taire dès que je l'entretenais de Martine, sous prétexte que ça allait mordre !) Je ne parle pas de l'humidité qui tombait des peupliers ou qui montait de l'eau bourbeuse. Je parle de l'ignoble sadisme d'Arthur ! Il n'y a pas d'autre mot. Sadisme qui lui était devenu naturel et quasi inconscient. Moi qui regardais pêcher de près pour la première fois de ma vie, j'en étais tout retourné... et je le suis encore !

Quand cet individu avait fini de tripatouiller dans des immondices gluants, sa grande joie était d'empaler à la turque des êtres de chair sur ses hameçons. Plus ça frétillait, plus il était content! Et il changeait d'appât pour un oui ou pour un non! Il avait en particulier une façon de torturer les malheureux lombrics... le stylo de Carole m'en tombe des mains!

Ses cruautés à l'égard du poisson n'étaient pas moindres : il déchirait distraitement la gueule des plus jolies proies en dégageant l'hameçon, et les laissait agoniser sur l'herbe jusqu'à ce que le souffle me manque...

Fin mai, j'étais à bout. De toute évidence, je perdais mon temps avec un tel spécimen d'humanité. Ma chère Martine s'était promise à un misérable, qui la ferait souffrir tôt ou tard.

Le 25 mai, sur le coup de 11 h du matin, le sieur de Cadaujac, qui pêchait stoïquement sous la pluie, a ferré un brochet, qu'il a fini par amener sur la rive en s'aidant d'une épuisette. Longtemps, avec une excitation pathologique, il s'est acharné sur la mâchoire de la bête pour récupérer son hameçon. La victime se débattait en poussant des cris épouvantables que son bourreau n'entendait pas, ses oreilles en chou-fleur n'étant sensibles qu'aux longueurs d'ondes les plus grossières.

J'étais par hasard debout derrière Arthur, horrifié par cette scène répugnante. Mes nerfs ont lâché soudain, le vertige m'a pris, mon pied a glissé sur l'argile de la berge... Je suis tombé dans le dos du prétendant, qui a piqué une tête dans la Garonne, en crispant sa main sur le bas de mon pantalon. La poigne d'Arthur étant solide, le terrain, détrempé, j'ai suivi le mouvement...

J'ai dû mon salut au fait que nous nous étions installés dans une courbe concave du fleuve, où le courant printanier était en perte de vitesse. J'ai pu me saisir de racines riveraines, qui m'ont retenu d'être entraîné par le flot glacial et trouble. Arthur n'a pas eu cette chance – il est d'ailleurs connu que les paysans enrichis ne nagent bien que dans le purin.

Ayant effectué sur terre ferme un rétablissement des plus pénibles, sauvé mais transi, à quatre pattes dans la boue, le nez sur le brochet mourant, j'ai aperçu M. de Cadaujac qui barbotait au milieu de la Garonne avec de grands gestes d'adieu, filant bon train sur Bordeaux, dont il n'était distant que de douze lieues.

Il n'y est jamais arrivé.

Au sein de cette nuit, qui favorise les retours sur soi-même, devant Dieu qui me voit – s'il existe – ou qui ne me voit pas dans le cas contraire, je me demande encore si j'ai fait exprès ou non de foutre cet Arthur à l'eau. Dans le doute, je plaide non-coupable devant l'auguste tribunal de ma conscience...

PRÉSIDENT SIMAY – C'est tout ce que vous avez à dire pour votre défense, accusé Simay?

ACCUSÉ SIMAY – Oui, Monsieur le Président. Vous êtes un vieux con, et vous ne me faites pas peur!

AVOCAT SIMAY – Je réclame l'acquittement pur et simple de mon client... La Cour n'a de toute manière aucun moyen de faire appliquer une sanction quelconque : pourquoi perdre son temps?

GREFFIER SIMAY – Je mets des points de suspension après le C, Monsieur le Président?

PRÉSIDENT SIMAY – Écrivez ce que vous entendez, espèce d'âne! L'accusé Simay est un homme infiniment distingué, qui sait ce qu'il dit.

ACCUSÉ SIMAY – Merci, Monsieur le Président! Vous êtes une vieille pantoufle!

PRÉSIDENT SIMAY – Après en avoir délibéré, le Tribunal de Conscience proclame l'acquittement de l'accusé, le décore du mérite agricole et condamne la Cour aux dépens. Gendarme Simay, faites sortir l'acquitté et donnez-lui votre plus jolie fille pour la nuit!

Je l'ai échappé belle! Si par malheur j'avais été condamné...

3 h du matin. 24 août.

Je viens de relire quelques chapitres d'un roman de Fred Kassak : *Une chaumière et un meurtre.* C'est vraiment un chef-d'œuvre irrésistible. Rien de tel que des histoires de meurtres pour se changer un peu les idées quand on est malade!

Le premier choc amorti grâce à des soins vigilants, la pauvre Martine s'est enquise d'une nouvelle occasion de mari, qu'elle a découverte à la faveur de la rentrée des classes d'octobre 62.

Autant je reste perplexe en ce qui concerne Arthur, autant je revendique hautement mes responsabilités devant le tribunal de ma conscience dans l'affaire Jacques Michaud.

Ce Michaud était professeur d'anglais au lycée de Langon. Sans doute avait-il les idées un peu avancées pour mon goût et parlait-il la langue de Shakespeare avec l'accent des faubourgs de Birmingham, mais je dois reconnaître que c'était un charmant parti. Il possédait même un petit capital à la Caisse d'épargne, dont il consacrait les revenus à l'élevage de trois serins dans sa chambrette. C'était un tendre.

J'aurais eu scrupule à lui faire le moindre mal si mes deux pigeons ne s'étaient montrés résolument allergiques à toute manœuvre dilatoire, et si ce sentimental ne s'était permis à mon égard une série de provocations aussi honteuses qu'insupportables.

C'est ainsi qu'à partir de novembre, Michaud a pris coutume de venir passer quelques nuits par semaine dans la maisonnette de Martine. Le samedi soir, notamment, je pouvais toujours compter sur lui. Au lieu d'entrer par la grande porte, comme un enseignant qui a le courage de ses opinions, il rampait dans le sentier du verger, sautait le mur de pierres sèches du jardin, et gagnait à pas de loup la chaumière de ses amours, d'où il s'évadait à potron-minet, repu.

Ces manœuvres amusaient Christine, et j'étais obligé d'en rire !

Quand le mariage fut fixé à février 63, j'ai compris qu'il fallait faire quelque chose. Ça ne pouvait pas durer : j'en serais tombé malade !

C'est le vieil écriteau du verger qui m'a donné une inspiration. Les Français, qui sont tous d'extrême gauche quand c'est la propriété du voisin qui est en jeu, ont des réflexes fascistes dès qu'on s'attaque à la leur. D'où ces écriteaux qui parsèment les vergers et les jardins de la douce France : PIÈGES À LOUPS, TERRAIN DANGEREUX, CHIEN FÉROCE, MINES, CHAUSSE-TRAPES, etc. Dans des institutions religieuses, j'ai vu des écriteaux champêtres portant : PIÈGES À LOUPINS. Il y a là une arrière-pensée charitable, le « loupin » étant une bête mythologique que le dictionnaire ignore. Mais les koulaks les plus psychologues affichent tout simplement : PIÈGES, agression verbale d'autant plus inquiétante qu'elle est plus indéterminée. Tous ces artifices, qui sont de pure propagande neuf fois sur dix, n'impressionnent que les honnêtes gens. Alors que les grosses entreprises font de la surproduction, les petits propriétaires ne voient jamais un fruit sur leurs arbres. Car les voleurs de fruits ne volent pas pour se nourrir, ils volent par malveillance. Les grandes étendues les découragent. Ce qu'ils aiment, c'est voler les fruits d'un tel, un tel qu'ils connaissent bien.

Quand j'avais acheté « Les Rameaux », j'avais laissé en place, dans le verger, le dérisoire PIÈGES À LOUPS délavé par les pluies, sans la moindre espérance de décourager qui que ce fût, pour faire comme les autres.

Il y avait pourtant un authentique piège à loups dans la remise à outils, mais il était évident que mon prédécesseur n'avait pas trouvé le courage de s'en servir.

Un samedi soir après dîner, j'ai eu l'humanité de badigeonner d'une solution antiseptique les dents rouillées de l'engin, que j'ai disposé et tendu dans le sentier du verger, à la lumière d'une lampe de poche.

J'étais si content de mon idée que j'ai ressenti le besoin de faire plaisir à quelqu'un...

Sur le coup de minuit, j'étais en passe d'exécuter mon devoir conjugal – que je me reprochais toujours de négliger un peu – quand un hurlement de bête a retenti à proximité : le suborneur était pris le pied dans le sac !

C'est terrible, le piège à loups... Michaud s'est tapé vingt-quatre jours de notre polyclinique, choyé comme pas un, mais rêveur. Il est parti en tirant la jambe, et on ne l'a plus revu – ne serait-ce que pour cause de mutation. Un membre de l'enseignement qui a la responsabilité de jeunes consciences de gentlemen ne doit pas hurler à minuit dans le verger d'une riche et innocente héritière, un piège à loups à la patte.

Dans les années qui ont suivi, les récoltes ont été magnifiques.

La noire déconfiture de ce prétendant culturel a

plongé Martine dans un abattement d'assez longue durée. Du châtelain de Monségur à l'amateur de brochets, de l'amateur de brochets à l'éleveur de serins, il y avait dégringolade dans les prétentions comme il y avait échec dans les résultats. Le bruit a commencé de se répandre que Martine portait malheur à ses amoureux. Je protestais mollement contre ces craintes superstitieuses, mais je devais admettre qu'on les aurait pu croire fondées à première analyse. La couche de Martine semblait défendue par un dragon jaloux...

L'ironie des circonstances était en tout cas remarquable : après avoir gratifié Christine d'un mariage inespéré, j'avais soustrait sa cadette à un certain nombre d'hymens qui eussent été dans la nature des choses. Je me suis demandé parfois si je n'étais pas sorti du droit chemin, si deux sœurs n'étaient pas de trop pour un honnête homme... Moralement parlant, j'étais en règle avec Christine, puisque son bonheur était intact. Qu'aurait-elle pu décemment exiger de plus? C'est à l'égard de Martine que ma situation était délicate. Longtemps, ma fièvre de la posséder m'a privé de saines réflexions ou ne m'a inspiré que des sophismes pour ma défense. À présent que j'y vois plus clair, le fond du problème m'apparaît mieux...

De quoi s'agit-il, en somme? N'ayons pas peur des mots : j'ai empêché une fille de se marier afin d'en jouir dans le secret d'un plaisant concubinat. Mais pour me faire des reproches, il me semble qu'il faudrait pouvoir mettre en balance les bonheurs extatiques ou les regrets cuisants que Martine aurait connus dans les bras de tel ou tel mari, avec les bonheurs ou les regrets qu'elle a effectivement connus dans les miens. Tout le reste n'est que verbiage. Or, dans un domaine où le calcul des probabilités perd ses droits, Dieu seul est capable de comparer ce qui a été avec ce qui aurait pu être. Comme je ne crois guère en Dieu jusqu'à nouvel ordre, c'est donc le néant des possibilités infinies qui s'oppose à la réalité de mes modestes amours. Selon une approche positive des choses, un grain de sable pèse plus lourd qu'un océan d'hypothèses invérifiables.

On est bien aise d'être incroyant quand il n'y a que Dieu pour vous confondre avec ses prétentions à l'omniscience. Comment discuter avec quelqu'un qui sait ce qui se serait passé si le petit Jésus était mort de la rougeole?

PRÉSIDENT SIMAY – Accusé Simay, le Tribunal de Conscience vous acquitte derechef haut la main! Votre bigamie est digne de Salomon, qui n'en était pas à une sœur près! Nous vous décorons du mérite familial avec palmes du Grand Orient!

Ouf! Un peu plus...

4 h 45 du matin.

J'ai failli m'endormir, mais le spectre gracieux de Martine me caresse...

En ce début d'année 63, j'ai hésité plus que de raison à dévoiler mes batteries. Après de longs efforts, je risquais de tout perdre sur ce coup de poker. Et je ne pouvais me dévoiler à moitié. Comme le dit Marivaux à propos d'un aveu quelconque : « Si je le lui dis un peu, il le saura tout à fait! »

Les occasions favorables, qui m'auraient permis de pousser plus loin que les discours, étaient d'ailleurs assez rares. Christine demeurait aux « Rameaux » comme une taupe dans son gîte, ravie de son foyer, ne sortant que pour les courses indispensables, se méfiant des invitations qui m'eussent fait rencontrer de jolies femmes, expédiant même à la maison la comptabilité de la clinique. Ce n'était pas à cette clinique que j'allais commettre des imprudences – encore moins en ville ! Je devais opérer *at home*, durant une absence de Christine. Mais la crainte d'un retour impromptu me paralysait...

Les adultères provinciaux qui ne sont pas menés à la perfection tombent vite dans le domaine public. Bertier, Friquet et moi-même estimions avoir repéré 95 % des cocus de Caudégnan, et 99 % des femmes trompées. C'était décourageant !

Une nuit d'avril que Christine, indisposée, se plaignait de ses douleurs habituelles, le coup de génie m'est venu : avec son consentement, je lui ai administré un somnifère en plus de l'analgésique.

Elle s'est endormie confiante, le visage de son éternel amoureux de Turquie tout près du sien. Il m'était difficile de faire davantage pour elle dans l'état où elle était.

Un reste de mauvaise conscience – Freud n'a pas eu tort d'insister là-dessus – est mauvais pour la santé : alors que je traversais le vestibule dans le noir pour gagner le jardin et la maisonnette de mes rêves, j'ai trébuché dans l'angora de Christine, qui a protesté sur le ton de la vertu outragée, et j'ai mis cinq minutes à recouvrer mon sang-froid. J'avais encore le cœur battant de ce maudit chat quand j'ai sonné à la porte de Martine.

Elle m'a ouvert bientôt en peignoir, ahurie, les yeux gros de sommeil.

J'avais maintes fois réfléchi aux différentes tactiques qui s'offraient. À un pôle, c'était la passion avec ses rimes classiques : amours, tambours, toujours, bijoux, choux, genoux, charmes, larmes et alarmes... Vu ma situation, ce vocabulaire avait tout pour effrayer. À l'autre pôle, c'était la bagatelle, voire le passe-temps, dont le manque de poésie était rébarbatif pour une fille qui ne dédaignait pas ces magazines féminins où les pages roses l'emportent encore sur la propagande hygiénique. L'idéal eût été de brûler d'une passion polie, qu'on n'aurait pas trop prise au sérieux. En me rasant, j'avais étudié des dosages, des jeux de physionomie, devant le miroir de la salle de bains, mais sans aboutir à une solution qui me tranquillisât.

En fait, j'avais dû m'avouer que je connaissais Martine fort mal, en dépit des quelques confidences dont elle m'avait honoré sur ses amours malheureuses. Au rebours de Christine, dont la sensibilité est à fleur de peau, ma belle-sœur est d'une calme apparence, que troublent seulement, de temps à autre, des accès de gaieté ou d'émotion superficiels, comme une brise fronce la surface d'un étang. Je me suis interrogé longtemps sur l'eau profonde, où je voyais tantôt du vide tantôt du mystère... Ce n'étaient que les simples ondes de la nature, conçues pour rafraîchir l'homme de ses faux problèmes.

Admis dans le petit living-room de Martine, dont M. Jacques Michaud avait goûté le décor plus à loisir que moi, j'ai bafouillé d'une façon lamentable, passant brusquement d'un pôle à l'autre selon les réactions supposées de ma future conquête, pour me cantonner enfin dans un équateur assez brumeux...

Au bout d'un quart d'heure de phrases superflues devant une Martine énigmatique, j'ai eu la sensation de perdre pied. Nous étions restés debout tous les deux au centre de la pièce. Venu pour coucher, je n'étais pas encore assis. J'ai connu un instant de désespoir, et les paroles m'ont manqué.

– Pourquoi ne m'avoir pas dit tout cela plus tôt? m'a demandé Martine.

Ce sont les premiers mots dont je me souvienne en cette circonstance.

J'ai fait valoir que je l'aimais depuis mes noces, mais que je m'étais sacrifié tant qu'elle avait été en instance de mariage. Une accalmie s'étant déclarée – que j'espérais courte – je n'avais plus la force de me taire. Je révérais certes Christine, à qui j'étais lié pour le meilleur et pour le pire, mais on ne commande pas outre mesure aux élans les plus naturels...

La discrétion de mon sacrifice a ému. Il devait rappeler à Martine le dernier roman-photo qu'elle avait parcouru sur la guerre de Sécession, où le silence héroïque des cœurs blessés couvrait les grondements de la canonnade. Mes sentiments et mes désirs étaient d'ailleurs faits pour toucher une fille qui avait coiffé Sainte-Catherine l'année précédente et dont le boudoir était cerné de pièges à loups.

– Que fait donc Christine? s'est inquiétée soudain sa cadette.

Une joie sans bornes m'a inondé! J'ai compris que ma cause venait de faire un progrès décisif. Prenant la taille tiède et souple de Martine entre mes mains, j'ai dit ce qu'il fallait pour rassurer...

Martine a souri, a souri de plus en plus, s'est soustraite à mon étreinte qui se précisait, est partie de rire à la renverse dans un fauteuil.

– Eh bien! a-t-elle fini par m'avouer en s'essuyant les yeux, vous repasserez dans quelques jours : je suis indisposée aussi!

Et elle a ajouté cette remarque, qui donnait à

penser que son amour pour sa sœur infirme n'était pas si vif que le mien :

– J'ai l'impression que Christine va beaucoup dormir ces temps-ci ! Ça ne lui fera pas de mal !

Elle ne pouvait me promettre plus de choses avec plus de pudeur.

J'ai quitté Martine transporté, le goût de son baiser dans la bouche. Mais je ne sais trop pourquoi, ma fièvre est subitement tombée au milieu du jardin, devant un cyprès, entre deux maisons, entre deux sœurs qui s'étaient donné le mot pour ne point m'accueillir. La coïncidence m'a semblé funeste présage.

25 août. Dimanche.

J'ai passé une journée entière dans l'abattement. Martine m'obsède.

26 août.

Martine irait mieux, mais Christine insinue qu'elle ferait l'objet de mystérieuses assiduités. À plus de trente ans, après cinq ans d'une liaison exemplaire avec un homme qui s'est mis en quatre pour la combler, elle n'oserait quand même pas profiter de ma claustration pour se donner du bon temps ! Ce serait d'une lâcheté, d'une inélégance ! Non ! Je la connais ! C'est impossible !

27 août.

Le dernier fiancé en date, la cuvée 65, cet agrégé en maths un peu cinglé de la Fac de Bordeaux, m'a donné du fil à retordre. D'autant plus que Martine, depuis que nous avions pris coutume de coucher ensemble deux ou trois fois la semaine, était devenue fort discrète sur ses projets matrimoniaux. C'est le 1er mai, en m'offrant du muguet, qu'elle m'a annoncé le mariage pour le 24 juin : autant dire la politique du fait accompli, l'ANSCHLUSS dans toute son horreur !

Sur le coup, j'ai chancelé, et c'est à peine si j'ai eu la présence d'esprit de lui offrir mes félicitations.

Elle a fait effort pour se justifier, pour me consoler, courant à la recherche de tout ce qu'une jeune femme qui a du savoir-vivre pouvait imaginer en pareil cas... C'est moi qu'elle aimait, bien sûr, j'étais le seul, dans tout le Sud-Ouest, à la comprendre et à la satisfaire sur toutes les coutures, mais l'heure avait enfin sonné pour elle de « faire sa vie » (à noter que « faire sa vie » a en français une résonance lugubre, tandis que « faire la vie » est du dernier marrant.) Un agrégé de maths, ce n'était certes pas très folichon : c'était pourtant mieux que rien.

Elle s'est même découvert des scrupules tardifs à l'égard de Christine, alors que la joie de tromper sa sœur m'avait paru fréquemment émoustiller son plaisir. La jalousie des jolies « vieilles filles » pour les laides qui ont décroché un mari convenable est une chose plus ordinaire qu'on ne croit. Ces scrupules étaient, il est vrai, d'ordre médical : je traitais Christine contre des menaces d'insomnie, et Martine redoutait un abus de sédatifs.

(En fait, par un de ces caprices physiologiques qui donnent au médecin conscience de ses limites et de son humilité, Christine se portait mieux depuis que je la droguais de temps en temps, avec tout le doigté dont j'étais capable. Il m'arrivait de remonter fourbu, dans le matin blême, de la maisonnette adultérine, pour assister bientôt à une scène réconfortante : le réveil d'une épouse calme, détendue, optimiste, dont les angoisses et les nervosités n'étaient plus qu'un mauvais souvenir.)

La mauvaise foi de Martine rendait impossible toute discussion. Et d'autre part, piéger un agrégé de maths n'était pas une petite affaire dans les brefs délais qui m'étaient impartis. C'était à désespérer...

Après des nuits de réflexions fébriles, je n'ai vu qu'un palliatif : faire un enfant à Martine. À des situations désespérées, il faut des remèdes désespérés. Ledit remède présentait d'ailleurs cet avantage de devoir être efficace un bon nombre d'années pourvu qu'on le laissât porter ses fruits...

Ce qui me gênait surtout dans l'hypothèse, c'est que je m'étais refusé sans cesse à faire des enfants à Christine, qui en désirait. C'était là notre unique sujet de différend.

Aucun égoïsme dans cette attitude, Ma vie entière plaide contre un tel soupçon! J'étais au contraire trop sensible pour commettre de gaieté de cœur de pareilles imprudences...

Faire des enfants, c'est courir le risque de les voir laids ou infirmes, et malheureux de leur physique, c'est le risque de les voir sots et victimes de leur sottise, c'est le risque suprême – étant donné les affreux progrès de la gérontologie – de les voir gaullistes! C'est la quasi-certitude de les voir cruellement souffrir un jour ou l'autre de la méchanceté des hommes ou des ravages de la maladie.

C'était la maladie qui me terrorisait! J'en avais tant approché, des enfants malades, que je ne pouvais plus supporter leurs cris et leurs regards affolés. Dans la mesure du possible, je m'étais déchargé de la pédiatrie sur Bertier, qui eût été capable de faire un bridge avec trois mongoliens eczémateux pour leur rafler leur tirelire. Et Christine aurait voulu que moi, médecin, je fisse des enfants !

Je sais que ça se fait encore... Mais les motifs en sont clairs. Ou bien il s'agit d'irresponsables sans entrailles, qui sacrifient la tête vide à une sorte d'instinct préhistorique, ou bien il s'agit d'un acte de foi, non pas en ce monde qui est impossible à vivre, mais dans un monde plus rationnel qui lui doit succéder. Les premiers font des enfants pour en peupler la terre, les seconds pour en peupler le ciel. Ils sont à mon avis aussi fous les uns que les autres – les premiers plus bêtes que les seconds, car ils sont aveugles à l'expérience, alors que les métaphysiciens ne prétendent pas s'en inspirer.

Ce n'est donc pas sans soupirs que je me suis acharné à faire un enfant à Martine. Il était d'ailleurs plus facile à dire qu'à faire...

Le 5 mai s'ouvrait une période favorable – durant laquelle Christine devait dormir plus souvent qu'à son tour. J'avais mis tous les atouts dans mon jeu, repotassant mes vieux manuels de gynéco, allant jusqu'à répertorier les positions qui passaient pour les plus favorables chez les meilleurs auteurs... Jamais petit n'avait été désiré à ce point !

Mais Martine a failli tout faire louper. Depuis qu'elle avait été échaudée par certaine négligence germanique, elle avait pris l'habitude de ne faire confiance qu'à elle-même en la matière. Nous nous sommes livrés à des assauts de ruses, elle trichant contre nature, et moi trichant pour le droit chemin, assauts où je n'ai triomphé que de justesse, grâce à la méthode des théologiens progressistes qui, soucieux de plaire à tous, coupent les préservatifs par le milieu, offrant un bout à la tradition, et le cul-de-sac à l'avenir. J'avais choisi le bon bout.

Et encore, n'était-ce évidemment qu'un triomphe de principe! Ma vie s'est arrêtée jusqu'au retard qui comblait mes espérances. J'ai réussi à persuader Martine qu'elle n'était pas enceinte du tout, ce qui était un mois de gagné. Mais vers la mi-juin, alors que l'olibrius d'agrégé essayait déjà son habit, j'ai dû reconnaître que j'avais fait un faux diagnostic. Martine, effondrée, m'a supplié de faire n'importe quoi...

Je lui ai lardé les fesses de piqûres d'eau de rose, qui ne pouvaient que donner le teint le plus vermeil aux joues du chérubin.

Le 18 juin, la décision a été prise de remettre le mariage à quelques semaines pour raison de santé.

J'ai fait à cette occasion la connaissance du fiancé, accouru de Bordeaux les bras tout chargés de fleurs – quoiqu'il y en eût plein le jardin. C'était un petit maigre, jaunâtre, binoclard, sautillant, bourré de complexcs, amateur de vraies jeunes filles et d'eau bénite, tertiaire de saint François et probablement puceau. Un certain charme cependant, qu'il tirait d'on ne sait où, peut-être d'un mélange bizarre d'intelligence et de naïveté. Il semblait prodigieusement épris.

Les avorteurs suisses abattant un travail monstre et étant toujours sur les dents, je n'ai pu obtenir de rendez-vous pour Martine dans la puritaine Lausanne qu'en date du samedi 17 juillet. Pour lui inspirer confiance dans la pureté de mes intentions, je lui ai même pris un deuxième rendez-vous dans une clinique genevoise de chirurgie esthétique, aux fins de la nantir d'un de ces pucelages neufs que les Suisses fignolent comme des verres de montre. Vu les exigences morales du prétendant, c'était le moins que nous puissions faire pour lui. « Quand tu nous reviendras du pays de Rousseau, disais-je à Martine qui ne savait si elle devait rire ou pleurer, tu seras comme une Sainte Vierge au lendemain de Noël... »

Le 11 juillet, je me suis décidé à mettre Bertier au parfum. Il n'y avait que lui pour me tirer de l'impasse. Je savais pouvoir lui faire confiance, car il était discret dans les grandes affaires, avait tout intérêt à me rendre service et apparemment aucun à bavarder.

Il a été sidéré d'apprendre que j'avais réussi à coucher plus de deux ans avec ma belle-sœur sans que personne ne le sût...

– Voilà, s'est-il exclamé, une performance provinciale exceptionnelle, mon cher Simay! Comment diable vous y êtes-vous pris?

J'ai fait une pudique allusion aux insomnies de Christine, et Bertier – dont le tact est parfois en défaut – s'en est étranglé de rire. Mais il a corrigé cette réaction grossière d'un trait d'esprit inattendu :

– C'est John Vanbrugh, je crois, qui a écrit : « Une fois qu'une femme vous a donné son cœur, on ne peut plus se débarrasser du reste! » Vous avez trouvé la méthode, Simay : le sommeil. Mais vous êtes un artiste, dans votre genre!

Toujours est-il qu'il m'a pompé 500 000 balles (5 000, comme on devrait dire depuis 1960), et qu'il s'est bien comporté.

Le 14 juillet, date anniversaire de la mort du châtelain de Monségur (parole d'honneur, je n'y suis pour rien!) j'annonçais à Martine que ce n'était plus la peine d'aller engraisser des Suisses avec des grossesses, puisque j'avais enfin séduit

Bertier, qui s'offrait à faire le travail, par faveur ultra-spéciale et mesure de sympathie.

Sous divers prétextes, Bertier a fait traîner les choses jusqu'au jeudi 29 juillet. Après dîner, tandis que Christine était allée revoir *Autant en emporte vent* j'ai accompagné Martine à la villa de mon confrère, dont le chien-loup lui a fait si peur que j'en ai redouté une fausse couche. Bertier l'a examinée devant moi avec un sérieux de pontife, avant de déclarer que la grossesse était décidément trop avancée pour qu'il pût risquer une intervention, et que tout praticien consciencieux porterait sans nul doute le même diagnostic.

J'ai bondi de surprise et d'indignation ! Bertier et moi-même nous sommes livrés à une joute médicale des plus serrées, nous renvoyant des cascades de termes techniques, jusqu'à ce que je dusse capituler de mauvaise grâce : oui, en effet, il y avait du vrai dans ce que disait le docteur Bertier.

Martine avait suivi la joute, les jambes en l'air sur la table d'examen, sa tête blonde dodelinant de droite et de gauche au gré des répliques, comme à un match de ping-pong. Son sort une fois réglé, elle s'est caché le visage dans ses mains pour pleurer. Quand une femme civilisée se cache le visage au lieu de se cacher le sexe, c'est qu'elle a vraiment de la peine...

PRÉSIDENT SIMAY – Accusé Simay, réveillez-vous !

ACCUSÉ SIMAY – Hein ? Quoi ? Qu'est-ce qu'on me veut encore ? Mais c'est une persécution que ce Tribunal, à la fin !

AVOCAT SIMAY – La surprise de mon client n'est pas feinte. Que lui reproche-t-on ? Et où est la partie civile, dans cette affaire ?

PROCUREUR SIMAY – Je dois avouer moi-même, Monsieur le Président, qu'il n'y a pas de chef d'accusation bien discernable. Les artifices natalistes de l'accusé, pour anachroniques qu'ils paraissent, n'en sont pas moins couverts par la loi jusqu'à ce que le peuple souverain en décide autrement par voie de référendum, de révolution culturelle ou de pêche à la ligne...

PRÉSIDENT SIMAY – Gendarme Simay, introduisez les témoins de moralité !

GÉNÉRAL SIMAY DE LA POUPONNIÈRE – Au nom de l'armée, je félicite l'accusé ! Si nous avions eu davantage de Simay vers 1920, ce n'est pas trois millions de prisonniers que les Boches nous auraient fait en 40, mais six... et peut-être neuf, qui les auraient affamés !

Les pleurs de cette Martine, je m'en bats l'œil. Une mère française digne de ce nom ne pleure pas avant d'accoucher.

MONSEIGNEUR SIMAY DE LA PATELINIÈRE – Il me semble, toutes réflexions faites, que la conduite objective de l'accusé, qui pose un intéressant problème d'avenir, mettrait plus ou moins l'accent sur certaines suggestions dont les coulisses du dernier concile se sont fait l'écho... si je ne m'abuse...

CAMARADE SIMAY – Le parti communiste français, toujours respectueux de la stricte légalité républicaine, quelle qu'elle soit, félicite l'accusé pour son aveugle observation du règlement provisoire.

PRÉSIDENT SIMAY – La cause est entendue ! Accusé Simay, le Tribunal de Conscience vous acquitte une fois pour toutes et ne vous dérangera plus. Nous vous décorons de la médaille de sauvetage avec cigogne de vermeil sur champ d'azur.

Pour être tranquille, en somme, il suffit de tomber sur un bon tribunal et d'instruire le procès soi-même. C'est ce qui fait toute la saveur des Tribunaux de Conscience.

Minuit moins cinq. Bientôt le 28 août...

Je viens de bavarder dix minutes avec Christine, à qui j'avais demandé un verre d'eau.

L'idée l'amuse que je gratte du papier dans les ruines de mon passé, à la recherche de quelques débris de conscience.

– Je parie, m'a-t-elle fait observer malicieusement, que tu n'oserais pas me donner à lire tout ce que tu écris... C'est une chance que Carole ait un passe-partout qui me permet de suivre tes progrès durant ton sommeil! Tu as un très bon style, tu sais!

J'ai rappelé à cette petite curieuse que la vie de société ne serait pas concevable sans la vertu de politesse, qui nous invite à paraître tels qu'on désire nous voir et non point tels que nous sommes, vertu d'autant plus précieuse que les êtres sont plus proches et se pourraient faire plus de mal par les ravages du cynisme.

Et j'ai dit, posant la main sur les feuilles qui encombraient... qui encombrent toujours ma table pivotante de malade :

– Je fais là, ma chérie, œuvre de politesse, mais surtout à l'égard de ma personne – encore m'arrive-t-il trop souvent de lui manquer de respect! Si tu pouvais me lire, tu m'aimerais moins, peut-être, et ce serait dommage, vu le plaisir que tu prends à m'aimer...

– Oh! s'est étonnée Christine, tu ne crois pas que mieux on connaît son mari, plus on l'aime?

– Si je te connaissais bien, ai-je rétorqué, t'aimerais-je toujours?

Christine m'a répondu en riant :

– Si tu me connaissais bien, tu ne te poserais même plus la question !

Elle s'est sauvée là-dessus. Je saisis mal ce qu'elle a voulu dire.

Mes démêlés avec Bertrand sont plus clairs... (le singe de Martine s'appelait Bertrand je ne sais quoi).

Bertrand, prévenu par une fiancée éplorée qu'il y avait anguille sous roche, on aurait pu penser que j'allais enfin avoir la paix...

Eh bien, non ! Contrairement à toutes prévisions décentes, l'individu s'est accroché. Sa Martine n'était plus celle qu'il croyait. Elle l'attirait encore !

Je soupçonne ce Bertrand d'avoir été sensible au mythe de la pécheresse régénérée par l'amour, qui hante les lettres romantiques, de *Marion Delorme* à *La Pute au Caméléon*[1].

La nature humaine étant stagnante comme un bourbier, on peut lire de nos jours, dans un illustré consacré à la chasse, des annonces matrimoniales de ce style : « Intellectuel ayant souffert épouserait maman célibataire ou de préférence future maman. » Le « future maman » est caractéristique. Ce ne sont point les fruits d'une rassurante fécondité qui excitent l'amateur, c'est la joie suspecte de pallier de son aile toute la maladresse d'un amour coupable.

Un type aussi vicieux était pour moi une catastrophe. Plus je lui aurais sali sa Martine, plus il aurait bavé de grandeur d'âme ! Il l'aurait ramas-

1. Profanation gratuite et douloureuse – une fois n'est pas coutume – de *La Dame aux Camélias*.

sée dans le ruisseau pour le plaisir de m'emmerder...

C'est une veine que j'ai saisi presque aussitôt de quoi il retournait! Quand j'ai constaté que les fiançailles n'étaient pas officiellement rompues, quand je me suis douté que des contacts se poursuivaient derrière mon dos, malgré les ruses de Martine pour me les dissimuler, j'ai su que j'étais cuit si je n'élaborais au plus vite un coup d'éclat. Bertrand hésitait. Dès qu'il n'hésiterait plus à m'arracher Martine, j'aurais perdu sans remède la plus jolie de mes deux femmes, le quart de moi-même, en quelque sorte.

Il s'en est fallu d'un cheveu que je n'eusse les mains liées. Si Martine, avec ce goût instinctif des cachotteries qu'ont les épouses de seconde main, n'avait tenté de me faire croire que tout était fini, je n'aurais pu intervenir comme je l'ai fait...

Le 15 août 65, j'ai réuni tout mon courage, et je suis allé jeter un coup d'œil à la grand-messe de Birons, où gît dans la verdure une modeste et délicieuse église romane. C'est là, à une lieue de sa propriété de campagne, que Bertrand, ce volcur d'enfants aimait à accomplir ses devoirs religieux aux jours de fête. Je l'ai vu en train de communier avec ses doigts, comme un vulgaire cochon[1], et je suis allé l'attendre à la sortie.

Le coupable a descendu les degrés de l'édifice, la

1. Le docteur Simay se laisse entraîner par une animosité qui fait bon ménage avec son incompétence liturgique.

L'Église postconciliaire, dans son désir d'aller de l'avant, s'efforce de ressusciter les usages les plus anciens, son idéal, en matière de communion, étant la Cène telle qu'on a de bonnes raisons de croire qu'elle s'est historiquement déroulée. On y a mangé en effet avec ses doigts, car c'était la coutume de l'époque.

Notre propre souci d'archaïsme nous fait surtout regretter les coussins dont la présence est attestée à foison dans la salle de la Pâque, et par Marc, et par Luc. Pour ce qui est de l'extérieur, c'est la présence du légionnaire que nous aimerions retrouver...

face contrite; il a installé à l'avant de sa petite Renault une dame hors d'âge, qui devait être sa mère; puis il a pris place au volant..

La conjoncture était favorable. J'ai embrayé, et j'ai défoncé d'un bon coup de Maserati l'arrière de la Renault, qui s'est pliée en accordéon (la Renault, c'est moins solide que la Fiat). Bertrand a bondi de son tas de ferraille tel un diable d'une boîte, pour grimacer un sourire poli à ma vue. C'était un garçon bien élevé.

Je l'ai apostrophé d'une voix tonnante, afin que tout le monde en profite :

– Alors? Bougre de saligaud! Ça vous suffit pas d'emboutir ma malheureuse belle-sœur et de vous sauver comme un malpropre après lui avoir fait un gosse aussi laid que vous? Il faut aussi que vous emboutissiez ma voiture! Mais vous êtes un obsédé, ma parole! Et vous avez encore le culot de fréquenter les églises avec cette vieille maîtresse édentée qui glapit dans ce cercueil à roulettes! Mais pour qui votez-vous donc? Ah! Pauvre France!

Pâle comme un linge, Bertrand bredouillait.

– Excusez-moi, permettez une seconde, j'ai l'impression que vous faites erreur...

C'était la réaction typique de l'intellectuel surmené qui cherche à amorcer un échange de vues, réaction qui traduit d'ordinaire une mauvaise conscience. Le public ne s'y est pas trompé, et un murmure de réprobation s'est élevé de l'assistance à l'adresse du couple douteux.

Quelques habitués, qui devaient connaître de vue Bertrand et sa compagne, ont protesté avec un courage timide...

– Mais c'est sa maman, voyons! a fait une dame.

J'ai eu un ricanement sans réplique :

– Sa maman? Ah oui! Elle y ressemble bien, en effet, cette vieille peau!

Tout le monde s'est tu, médusé.

Cette scène m'était pénible. Je déteste le contact de la lâcheté, les scandales et les éclats de voix. Il était temps que j'en finisse avec ce Bertrand...

Je lui ai hurlé sous le nez :

– Je vous apprendrai, moi, à respecter l'honneur des jeunes filles Dupont, canaille!

Et je lui ai fichu une torgniole, qui lui a arraché ses lunettes. Il s'est jeté sur les genoux afin de les rechercher à tâtons, et j'en ai profité pour remonter en voiture. Bertrand m'avait tellement énervé que j'ai failli l'écraser par mégarde en démarrant. Un petit intellectuel par terre, ça ne fait pas beaucoup de volume.

Ce qu'il faut accomplir, parfois, pour défendre son bonheur, c'est insensé!

Bertrand a enfin rendu sa parole. Il aurait à la rigueur pris l'enfant d'un autre, mais il était si honteux que je lui en eusse supposé un qu'il n'avait plus qu'à se cacher.

Martine ne m'en a pas voulu de l'incident et s'est fait une raison. Elle ne pouvait me reprocher, dans l'état d'ignorance où j'étais – croyait-elle – demeuré par sa faute, un mouvement de vertueuse indignation qui paraissait calculé pour donner le change à Christine et à bien d'autres.

De toute façon, Martine n'a pas de rancune. Et comme beaucoup de femmes qui ont encore plus d'instinct que d'esprit, elle est d'autant plus encline à pardonner qu'on lui fait le nécessaire. L'oubli vient dès qu'elle adopte la position horizontale des amours coutumières : c'est une de ces poupées qui ferment les yeux quand on les couche. Il m'est arrivé même d'en abuser, de faire un peu le méchant par pure curiosité scientifique, pour voir ce qu'une blanche caresse pouvait effacer de noirceur.

Ma petite Claude est née à la clinique, de la main de Bertier, le 3 février 66. Elle revenait de loin! Si papa n'avait pas été là! S'il n'avait pas veillé au grain...

Depuis ce 3 février, je suis comme tous les pères intelligents : je crève de peur.

Ma première peur a été que Martine ne s'attachât point à cette enfant charmante comme elle l'aurait dû, que Claude ne se trouvât livrée à une mère indifférente, tourmenteuse, voire plus ou moins assassine.

On pourrait s'attendre à ce qu'une femme sans religion bien nette, qui n'hésite pas à tuer ses petits dans l'œuf, fût à court de tendresse pour un poussin rescapé en dépit de ses efforts, et ne succombât même à la tentation de le faire passer à la casserole un jour ou l'autre...

Mon expérience médicale des milieux aisés m'avait appelé, au fil des ans, à distribuer bon nombre de permis d'inhumer dans des cas d'infanticides apparemment réussis, qui ne valaient pas la peine qu'on désobligeât la clientèle par le remue-ménage d'une enquête sans résultat : chute dans le puits du parc un soir de brouillard, fenêtre ouverte l'hiver devant un corps dénudé, bassine d'eau bouillante qui se renverse sur une frimousse curieuse, vieille malle du grenier qui emprisonne par hasard le joyeux amateur de cache-cache, molosse dérangé dans son festin par un enfant trop caressant, corde de balançoire qui s'effiloche, balle qu'on jette sous les roues d'un camion avec un sourire engageant, bouée qui se dégonfle par une mer un peu trouble, vitriol que l'on confond avec l'huile de foie de morue...

Dans les milieux misérables, la pratique du tisonnier rougi au feu – et encore, quand les pauvres gens avaient du feu! – entraînait l'intervention des gendarmes, de sévères remontrances, voire des amendes si l'avocat n'était pas à la hauteur de sa tâche humanitaire.

L'infanticide caractérisé reste cependant exceptionnel dans un pays en proie à la fatigue, où les avortements l'emportent sur les naissances. Cet illogisme tient à l'illogisme même de la femme, dont la sensibilité si terre à terre n'est pas sans ressembler à la mienne par quelques côtés. Les femmes s'attachent volontiers en chiens de garde à ce qui se palpe, à ce qui se considère, à ce qui se renifle. Elles ont de la peine à s'attacher à une idée. Aussi trimbalent-elles leurs embryons, puis leurs foetus, comme des abstractions de plus en plus embarrassantes, qui ne se feraient concrètes un beau jour que par la magie d'un certain poids. Et naturellement, elles n'ont pas scrupule – une fois sur deux environ, nous dit la statistique – à tuer des idées, alors qu'elles rougiraient, un peu plus tard, de faire fondre des kilos de vie superflus.

Martine, par bonheur, s'est conformée à ces réactions animales ordinaires, et a chéri notre Claude avec toute l'absurdité souhaitable.

J'en ai été réduit à la peur des accidents impromptus, laquelle suffit déjà pour couper l'appétit d'un homme qui a conçu une claire vision des risques. Peur d'autant plus constante que Martine ne prenait pas – ne prend toujours pas! – les rigoureuses mesures qui s'imposent. Avec une absence d'imagination, un fatalisme exaspérants, elle se borne à répéter : « Mais enfin, Marc, il n'arrive rien aux autres!... » Eh si! Justement! Il leur arrive des tas d'atrocités dès que l'attention se relâche une seconde. Qui pourrait le savoir mieux qu'un médecin? Et je ne pouvais pas – je ne peux toujours pas! – veiller en personne sur ma Claude comme je le voudrais. Non seulement je suis très absorbé par mon métier, mais il paraîtrait suspect que je fusse fourré chez Martine dès que j'ai un instant de libre, pour vérifier que l'enfant n'est pas en danger.

Il y a six mois, Christine m'a dit sur un ton mi-figue mi-raisin : « Tu ne t'occuperais pas autrement de cette Claude, mon chéri, si elle était de toi! Heureusement qu'elle est tout le portrait de son père! »

Je veux bien que Christine ait les excuses d'une maternité rentrée... Ce genre de plaisanterie jette quand même un froid! À la première occasion, j'ai regardé le blond minois de Claude d'encore plus près que d'habitude, dans l'espoir de lui découvrir quelques traits – fugitifs si possible – d'un agrégé en maths simiesque mais je n'ai rien distingué de convaincant. Attendons l'école primaire...

La vie de mon adorable petite Claude m'est évidemment d'autant plus précieuse qu'elle est le meilleur garde-fou contre les ultimes assauts des prétendants. Ce n'est pas joli à dire, mais c'est humain. L'homme n'est d'ailleurs beau que chez le saint, et dans les perspectives finales des marxistes. Mais les catholiques ont renoncé à fabriquer des saints parce que c'était trop fatigant, et les perspectives finales des marxistes font de plus en plus rigoler tout ce qui a dépassé l'adolescence. Il y a de quoi être humain la tête haute.

Ma tranquillité est hélas! très relative. L'évolution des mœurs n'exclut pas une nouvelle agression sournoise d'un passionné de filles-mères. Et surtout, la terreur que Christine ne se doute de quelque chose me ronge plus que jamais depuis la naissance de Claude. J'ai l'impression déprimante de n'échapper à un danger que pour tomber dans un autre, d'aller de Charybde en Scylla...

J'ose me rendre cette justice que mon amour infirme est resté sans cesse, contre vents et marées, au cœur de mes préoccupations, « QUE CHRISTINE NE SOUFFRE DE RIEN ! », telle était, telle est encore ma devise intransigeante.

J'imagine, à cette lecture, les sourires faciles de quelques sceptiques dénués d'expérience...

Et pourtant, je suis aux premières loges pour déclarer avec preuves à l'appui : de tous les héroïsmes journaliers, c'est celui du mari amoureux de sa belle-sœur depuis ses noces qui me paraît le plus beau et qui me touche le plus. Je suis sans doute un cas limite. La plupart des maris attendent quelques semaines, quelques mois, quelques années, pour perdre toutes illusions sur leur femme et s'en forger sur une autre. À mes yeux, dès l'origine, le mariage aura été un devoir. Du moins aurai-je fait mon devoir, plus que mon devoir : dix ans de sourires, de caresses, de phrases gentilles, d'attentions charmantes, dix ans de la duplicité la plus minutieuse, la plus pitoyable, dix ans de la plus haute maîtrise de soi, en un mot... Comme c'est long ! Et qui dit mieux ?

Les maris dans ma situation devraient se réunir, sous des prétextes sportifs ou culturels, pour échanger des confidences instructives, des recettes ingénieuses... Quelle solitude est la nôtre ! Et combien nous sommes oubliés, alors que la pérennité des structures sociales élémentaires repose sur nos épaules de muets sacrifiés ! Que se passerait-il, grands dieux, si nous nous donnions le mot pour cesser de feindre l'espace d'une seconde? Mais le monde se désagrégerait! Le sang du désespoir coulerait sous les portes; des troupeaux de femmes aveuglées de larmes iraient se jeter à l'eau; de toutes les fenêtres, des esseulées chuteraient comme des pots de fleurs sur la tête des orphelins en procession...

Ce qui fait notre sacrifice vraiment sublime, c'est que la majorité d'entre nous n'est même pas influencée par l'intérêt – encore que nos délicatesses soient d'une telle nature qu'elles ne sauraient s'estimer en argent. Les meilleurs, dont je suis, ne sont mus que par cette pensée : « NE PAS FAIRE DE PEINE. » Dans un univers en proie à la sauvagerie, nous sommes les derniers partisans de la vraie sensibilité.

Un légitime intérêt a pu jouer un rôle dans mon mariage, mais voilà des années que j'ai acquis toute l'indépendance financière possible, que le divorce est à portée de ma main, avec la perspective d'une union nouvelle qui comblerait mes vœux et donnerait un nom à mon enfant... Ce divorce, je m'y refuse, je m'y refuserai, simplement parce que je me sens incapable d'annoncer à ma chérie brune qu'elle n'est plus tout pour moi. Nos deux cœurs, qui battent parallèles depuis si longtemps, se briseraient du coup, celui de Christine en premier, et le mien par ricochet.

Mon épouvante à l'idée que Christine pourrait concevoir des soupçons – qu'elle devait fatalement en concevoir un jour ou l'autre – m'a inspiré, certaines nuits, la vision d'une femme foudroyée en plein bonheur, après avoir goûté, grâce à moi, de la vie, tout ce qu'elle était susceptible de lui offrir... Plutôt morte que désespérée! Tel est le dernier cri de la passion chez le mari sensible!

Mais il y a loin de la coupe aux lèvres...

29 août.

Christine m'a dit négligemment hier soir, en prenant son service, que Martine, à peu près rétablie, me rendrait bientôt une courte visite. Je suis aux anges ! Si content que j'ai eu le courage d'écouter la radio une partie de la matinée et de faire un brin de correspondance.

Je ne suis cependant guère satisfait des piqûres dont Carole me truffe depuis quelques jours. Je ne sens presque plus mes jambes. Bertier prétend que c'est le *nec plus ultra.* Moi, je veux bien...

30 août.

Ma chérie blonde, la mère de mon enfant d'un autre, est prévue pour après-demain. Elle ne se presse pas ! Vivement que je sois debout pour tirer au clair ces « mystérieuses assiduités » auxquelles Christine a refait allusion. Il s'agirait d'un « négociant de gros en engrais, néanmoins très distingué » *(sic).* Le pire est que c'est possible ! Depuis que Jules Ferry a vulgarisé l'instruction primaire, en attendant mieux, il sort des types « très distingués » de tous les trous, comme des escargots après la pluie, pour venir baver sur les maîtresses des gens comme il faut. Qu'est-ce que j'ai fait au Ciel pour vivre à une pareille époque ?

Ce grossiste, veuf et père de famille, n'aurait même pas des intentions bien nettes, comme s'il avait deviné qu'il serait encore plus vexant pour moi de laisser Martine à un amant plutôt qu'à un mari.

L'immoralité de ce jouisseur n'effarouche pas Christine, qui m'a froidement déclaré :

– À défaut de mariage, une liaison avec un homme sérieux ne ferait pas de mal à ma sœur. Cette pauvre petite n'a pas connu beaucoup de plaisir depuis ses folles nuits d'amour chez ce satyre de Bertrand...

Enfin, je ne me fais pas trop de soucis! Mes techniques de dissuasion sont au point. Il suffit d'être sur pied pour les appliquer...

Ce que j'écrivais avant-hier n'est que trop vrai : à partir du moment où j'ai pu redouter que Christine ne m'attribuât Claude, le fantôme de l'euthanasie est venu hanter mes nuits, sur la pointe des pieds d'abord, puis en agitant les chaînes rompues de mon esclavage. Comme on ne peut s'euthanasier soi-même, c'était évidemment l'euthanasie de Christine qui était en cause. Nous autres médecins avons d'ailleurs l'habitude du fait, sous sa forme la plus anodine – combien de fois, quand se prolonge une agonie particulièrement douloureuse, ne donnons-nous pas un léger coup de pouce, par excès ou par défaut, afin d'abréger l'insupportable de quelques heures...

Ma Christine était menacée d'un cancer de tout son être, dont il était d'un esprit honnête de souhaiter qu'elle ne le connût jamais.

J'ai rusé avec cette idée, qui représentait pour nous tous une telle libération! Mais elle revenait à la charge d'autant plus souvent que je faisais plus d'efforts pour la chasser. J'ai fini par la considérer en face, et même par l'étudier objectivement sous divers angles, dans le dessein bien arrêté de la détruire une fois pour toutes.

Cette théorie d'euthanasie soulevait des questions pratiques et des questions morales.

Les questions pratiques se sont révélées épineuses...

La sincérité de mes sentiments ne me laissait que peu de choix quant aux méthodes. Christine aurait dû s'en aller comme une chandelle qu'on souffle, comme un rossignol qui s'échappe de sa cage... Quand elle dormait près de moi – je n'avais jamais tenté de faire chambre à part, crainte de la froisser – ce n'était pas sans une étrange tendresse que je l'imaginais passant du doux sommeil de la femme comblée au sommeil sans rêve des inconsciences définitives. J'aurais admis, à l'extrême rigueur, un court instant de cruciale émotion, un dernier regard de confiance, un dernier murmure de gratitude, un dernier geste d'amour ébauché vers moi... Pas plus!

Mais Christine heureusement évanouie, je n'étais pas sorti de l'auberge. Un médecin en puissance de maîtresse et de bâtarde, dont la femme disparaît d'une manière suspecte, est en conjoncture idéale pour avoir les pires ennuis. Le médecin, c'est la bête noire du juge d'instruction, qui se méfie de sa science comme de sa conscience. Pour se débarrasser de sa femme sans aléas, il vaut mieux la faire sortir d'une charcuterie que d'une clinique : la police contrôle de plus près les cercueils que les saucisses[1].

Les questions morales m'ont paru plus simples...

Je suis parti du fait que, selon toutes probabilités, je ne devais pas retrouver Christine dans l'au-delà. Dieu merci!

Le monde des croyants a ceci d'épouvantable qu'il est conçu comme une maison de verre où personne n'est à l'abri. La perspicacité à l'égard

1. Par scrupule de présentateur, nous n'avons pas effacé cette image d'un goût déplorable. Mesdames les charcutières voudront bien nous en excuser.

d'autrui et de soi-même est encouragée dès cette terre, et au Jugement dernier, ce sera une véritable orgie d'espionnage : chacun saura tout sur le voisin et sur n'importe qui. C'est l'instant que ce Paul Abadie, qui rôde à Saint-Pierre d'Angoulême, attend avec délectation pour voir la gueule que fera le curé, sa plaque de marbre sur l'estomac.

De telles perspectives me font froid entre les omoplates. Passe encore pour Dieu... on doit pouvoir s'arranger avec lui ! Mais un vrai face à face avec Christine, comment le supporterais-je dans le présent de l'éternité, alors que je suis incapable de le supporter dans ce présent de pacotille ?

Si des hommes, qui croient à la Résurrection de la chair, trompent leur femme, c'est qu'ils ne croient pas à la résurrection du balai ou du rouleau à pâtisserie, d'une magie pourtant plus facile. Cette incroyance paradoxale ne plaide pas pour le sérieux de leurs croyances.

Mais un incroyant sérieux a le droit de tirer quelque lumière de ses principes...

Le premier éclair qui m'a ébloui, c'est que dans une nature vouée à l'isolement physiologique et psychologique, ce que l'individu ignore n'existe pas. De quelle réalité est saint Augustin pour une souris blanche ? Et quel tort peut-on faire à une femme en la trompant si elle ne doit jamais l'apprendre, ni en ce monde ni en l'autre ? Il serait temps que ces vieux crétins de moralistes laïques répondissent là-dessus sans faux-fuyants visqueux, au lieu de corrompre la jeunesse avec les relents d'une métaphysique qui n'ose dire son nom. Ah ! les salauds ! Que d'occasions, de connivence avec les prêtres, n'ont-ils pas fait manquer à des maris positifs, qui n'auraient pas demandé mieux que de tromper délicatement le plus de femmes possible !

Envisagée d'une façon positive, l'euthanasie de

ma chère Christine s'est présentée à moi comme une ultime tromperie, le *post-scriptum* d'un in-folio de pieux mensonges.

La tromperie semblait même plus morale que les précédentes. Si on laisse Dieu de côté dans son nuage, on est bien forcé d'admettre, en effet, qu'une tromperie n'est immorale que dans la mesure où elle risque de faire souffrir. Mais si Christine risquait de se rendre compte de mes fredaines, elle ne risquait pas de savoir qu'elle était morte, puisque c'est le glorieux et éternel privilège des athées que d'ignorer ces choses-là résolument.

Il y aurait eu ainsi, dans l'escamotage de Christine, comme une apothéose de mes méthodes. Depuis que je l'avais épousée, toute ma politique avait été de la rendre heureuse en la laissant dans l'ignorance de l'essentiel. Une telle politique débouche naturellement sur l'euthanasie. Le jour vient où l'humanité conseille de sauver du désastre un laborieux trompe-l'œil en fermant les yeux de la spectatrice.

Je ne me suis guère arrêté à des questions stupides, du genre : « Ne serait-ce point, par hasard, porter préjudice à une jeune femme incroyante que de l'anéantir sans qu'elle s'en doute ? » Il est assez clair que, dans une perspective matérialiste, on ne saurait porter préjudice qu'aux vivants. Tant que la personne est en vie et satisfaite de l'être, elle n'a rien à dire, et dès qu'elle n'existe plus, elle aurait vraiment mauvais esprit à se plaindre !

En d'autres termes, l'euthanasie d'une athée ne la prive de rien du tout. Est-ce que la tendre escalope de veau a jamais pleuré d'être privée de sa maman ? Sur un sujet grave, il convient de montrer un minimum de logique.

Je sais que beaucoup d'athées ont un mal de chien à pénétrer ces évidences. C'est parce qu'ils raisonnent comme des croyants, dans une société où les croyants agissent comme des athées.

J'en étais là de mes réflexions, passablement surpris de n'être barré que par des obstacles matériels, quand je suis enfin venu buter sur Dupont. Après lui avoir donné, à lui aussi, de longues années de bonheur, je n'allais pas le plonger dans un deuil cruel et attrister mes jours par la vision d'un beau-père en deuil.

Un soir de mai dernier qu'il dînait aux « Rameaux » avec sa femme, j'ai fait un rêve merveilleux...

Je sortais un instant avec Martine pour aller voir si Claude dormait bien, et une explosion de toutes les bouteilles de propane m'expédiait Christine, Dupont, sa femme et la bonne de l'autre côté du fleuve, en direction de Sainte-Croix-du-Mont, de Verdelais et du jardin de François Mauriac. Le chat lui-même partait en ronronnant pour retomber sur les pattes de l'oubli. C'était une euthanasie générale et gratinée.

Mais j'ai songé à la vieille mère de Dupont, aux parents de sa femme, au fils naturel de la bonne, qui préparait son certificat d'études... Encore des euthanasies en perspective! Ça n'en finissait plus...

Le gros problème en matière d'euthanasie, ce sont les survivants.

31 août.

Je suis agité du pressentiment que Christine est à la veille de me percer à jour, et j'en ai par avance de la tachycardie. Je ne saurais dire sur quoi ce pressentiment se base, mais il est là. J'ai beau ne pas croire à ce genre de chose, ça impressionne quand même...

Martine, elle, ne vient que demain. Il se pourrait qu'elle fût à une course de taureaux à Bayonne, avec son « très distingué ». J'enrage!

Et je ne sens plus mes jambes du tout... Qu'est-ce qu'il fabrique, ce Bertier? Il n'a pas l'air enchanté de mes réactions et parle d'appeler de Bordeaux Capdevic et Espinouse en renfort. Je n'aime pas ce son de cloche.

Que d'ennuis, mon Dieu, que d'ennuis! Toujours des contrariétés...

4 h de l'après-midi.

Je finissais par dormir plus souvent de jour que de nuit. Mais je suis si énervé que je ne puis même plus faire la sieste. Carole m'a donné un calmant léger et m'a distribué quelques phrases lénifiantes comme elle eût peigné la girafe. Je peux crever, elle s'en fout!

8 h 45 du soir.

Christine a su me réconforter au passage. Quand on est inquiet, rien ne vaut la présence d'une femme qui vous connaît un peu.

Sachant que je ne puis blairer Monteilhet, elle m'a déridé avec sa récente mésaventure. Un critique a découvert une faute d'orthographe à la dernière lettre du verbe braire, page 111 de son *Andromac,* trouvaille qui lui a permis toutes les plaisanteries que l'on devine. Comble de comique, Monteilhet vient de paraître en gros plan avec son âne dans un hebdomadaire de grande diffusion. C'est à se tordre! Ce paon doit en avoir la queue tout ébouriffée[1]!

Le 10 juillet dernier, peu avant mon malheureux départ en vacances, Monteilhet a téléphoné à la clinique pour qu'on lui envoie Bertier d'urgence. Pourquoi Bertier? Il n'y a pas à se froisser. La médecine est un sacerdoce et le malade a le droit de choisir son prêtre. Tout au plus pourrait-on le prier d'être poli. Lors d'un bridge chez les Claverie, Monteilhet m'a déclaré un été, avec le sourire le plus aimable : « Ce que j'apprécie en Friquet, c'est son eau de Cologne; ce que j'apprécie en Bertier, c'est sa compétence; ce que j'apprécie en vous par-dessus tout, cher ami, c'est votre conversation! » La délicatesse du « par-dessus tout » m'a contraint d'avaler la couleuvre jusqu'à la queue.

Oui! Je n'inspire, médicalement parlant, qu'une demi-confiance. J'ai un succès d'estime, en quelque sorte. Cet échec relatif doit tenir à ma sensibilité. J'ai parfois de la peine à refréner certains élans de sympathie qui ne sont pas commerciaux. Quand on se trouve souffrant, on est d'autant mieux rassuré que le thaumaturge prend de la distance. Il faut croire que je n'ai point acquis le « masque médical », qui n'a d'ailleurs qu'un lointain rapport avec les vraies capacités. J'ai vu les pires faiseurs déchaîner une confiance débordante à première

1. Il nous serait facile de mettre cette faute sur le dos d'un contestataire de l'orthographe qui aurait fait du sabotage chez l'imprimeur... Nous préférons la revendiquer pour avoir le plaisir de saluer Michel Lebrun officiellement. Aucun critique, depuis dix ans, ne s'était jamais abaissé, en ce qui nous concerne, à des recherches aussi élégantes et aussi flatteuses. C'est ainsi qu'il faut nous lire : lettre par lettre. Cela dit sans vouloir condamner les nombreuses critiques qui se hissent au niveau de la syllabe – voire de la période ou de l'idée générale...

vue, alors que les plus scrupuleux ne parvenaient pas à s'imposer.

Bertier ayant un accouchement difficile, je me suis quand même dérangé en fin d'après-midi à l'appel de notre Monteilhet. L'esprit de sacrifice du médecin n'a d'égal que celui du mari exemplaire qui a cessé d'être amoureux.

Je n'avais encore pas mis les pieds dans cette propriété qui se dissimule au sein des collines de Verdelais, à peu de distance de chez François Mauriac. Elle appartient à Mme Monteilhet mère, et Monteilhet n'y passe que quelques semaines chaque juillet, quand il débarque d'Afrique avec sa smalah[1].

J'ai été frappé, en traversant le jardin, par un macaron bleu ciel, à la vitre arrière d'une Mercedes fatiguée, ce macaron des catholiques prévoyants, qui réclament par là les ultimes sacrements dès que leur Dieu a eu la prévoyance de les expédier dans le décor. Le macaron portait en surcharge bien apparente : NOUVEAUX PRÊTRES EXCEPTÉS. Une telle précaution dépeint un personnage. Monteilhet se ferait une joie de crever en criant : « *Vade retro, suppôt!* » à un pauvre petit dominicain accouru, l'œil humide, d'une plage voisine, pour le confesser en caleçon de bain, son dernier-né sur les bras. Nous autres athées sommes plus compatissants. Lorsque la situation l'exige, nous n'hésitons pas, faute de sacrements, à administrer des suppositoires à des suppôts. Dieu reconnaîtra les siens...

Monteilhet a déboulé le perron pour m'accueillir. Il était dans l'angoisse au sujet de sa femme, mais il s'est avéré, en définitive, qu'on m'avait

1. Il va sans dire que toutes les assertions du docteur Simay à notre égard sont à interpréter avec les plus expresses réserves.

dérangé pour rien : Mme Monteilhet avait rêvé qu'elle était menacée de fausse couche.

Le mari m'a raccompagné jusqu'à ma voiture, que j'avais laissée sur la route, en contrebas. Nous avons eu du mal à y parvenir : une ribambelle d'enfants étaient sortis soudain de tous les azimuts pour se fourrer dans nos jambes. Il y en avait au moins quatre, peut-être cinq... C'était difficile à compter : ça bougeait tout le temps. Monteilhet a fini par les refouler, à force de menaces choquantes, génératrices de complexes.

Je me suis extasié poliment devant les apparences. Mais en creusant un peu, j'ai vite compris qu'il ne s'agissait que d'une combine d'Auvergnat...

– Eh, oui ! Vous venez de voir le plus clair de mes revenus, m'a avoué Monteilhet sans rougir. Après étude attentive du marché, je me suis rendu compte que Dieu était ravi de payer les enfants très au-dessus du cours, pourvu qu'on les fît à genoux, les mains jointes, et dans l'unique dessein de lui être agréable. Chaque fois que mes affaires vont mal, je fais un enfant à ma femme, et le chèque mûrit. L'enfant, c'est une prière, et la prière, c'est de l'or !

J'ai prédit à Monteilhet que, par suite de ménopause, il finirait mendiant à la porte d'une église en ruine, où ses faux frères ne lui donneraient rien parce qu'il y mendierait avec insolence...

– Ce serait une épreuve, m'a-t-il rétorqué. À ne pas confondre avec les punitions qui frappent les malthusiens.

Les regards de Monteilhet s'étaient portés machinalement sur une toiture qu'on distinguait à travers les arbres et qui était celle de François Mauriac. Pour un Monteilhet, l'illustre vieillard devait être – par la force de l'âge – plutôt faux frère que malthusien.

– Vous ne l'aimez toujours pas? ai-je demandé.

Monteilhet a sursauté...

– Qu'allez-vous chercher là? Autant dire que je n'aime pas notre vieux général! Je les aime au contraire tous les deux de plus en plus chaque année. N'est-ce point quand le bœuf se rapproche, tout couronné de fleurs, les pattes tremblantes, de l'autel du sacrifice, qu'il est le plus savoureux?

Il n'y a pas plus méchante que la « gentdelettres ».

Nous étions arrivés devant le rossignol à essence dont je me sers pour mes visites médicales. Les Maserati insulteraient à une misère publique devenue fort chatouilleuse depuis qu'elle a pratiquement disparu.

– Et à propos d'enfants, m'a sorti Monteilhet à l'improviste, comment va donc *votre* petite Claude, que j'ai entrevue l'autre jour dans le jardin des « Rameaux »?

Le « votre » aurait pu se comprendre de diverses façons, mais Monteilhet avait l'œil brillant du juste qui s'apprête à piétiner le pécheur.

Sur le coup, je me suis décomposé comme un imbécile, et j'ai murmuré n'importe quoi.

Monteilhet a pris acte de mon trouble

– Il est peut-être imprudent, mon cher Simay, d'avoir une nombreuse famille, ce qui agrandit certes, ici-bas, la surface de malheur disponible, mais n'est-il pas encore plus imprudent de ne commettre qu'un enfant si on le fait à sa belle-sœur?

J'aurais dû nier jusqu'à la gauche, mais il était si capital pour moi d'apprendre d'où Monteilhet avait tiré son information que je l'ai prié sur-le-champ, puis supplié de me le révéler...

Il s'est fait longuement tirer l'oreille, prenant un ignoble plaisir à me laisser croire que mon secret courait les villes et les campagnes, et m'a dit enfin :

– Pour tout vous avouer, Simay, cette information, c'est vous-même qui venez de me la donner. Je n'avais qu'un doute des plus vagues, né de cette propension de romancier vertueux à flairer le péché un peu partout dans l'espoir d'en faire une prose moralisante et rémunératrice, et vous vous êtes précipité comme un gosse sur mon ballon d'essai ! Il faudra vous surveiller de plus près si vous voulez éviter des scènes de ménage... Avec deux femmes et une canne, ça peut aller loin !

Monteilhet se fichait de moi d'une manière odieuse, mais s'il disait vrai, il n'y avait rien de perdu.

Je l'ai pressé de me jurer sur les Évangiles qu'il était sincère. Il a paru choqué à l'idée de les mobiliser pour moi, et il m'a tenu en haleine jusqu'à un serment sur l'Apocalypse, dont j'ai dû me contenter faute de mieux.

Du moins m'a-t-il garanti spontanément sa discrétion, histoire de me faire à loisir un cours de bonne vie et mœurs où revenait en leitmotiv la paix profonde des familles pléthoriques. Il ne s'était lui-même décidé au mariage qu'après avoir vérifié qu'il pouvait compter sur six ou sept beaux-frères ou belles-sœurs, meilleure garantie, soutenait-il, que sa future avait reçu une éducation digne de lui... (qui était d'ailleurs fils unique !).

J'ai dû encaisser ce verbiage plein de sadisme avec tous les signes de la reconnaissance, alors que mes appréhensions habituelles étaient encore attisées.

Le plus tôt possible, j'ai battu en retraite vers ma portière, et comme je marchais à reculons, j'ai failli tomber dans le fossé, sur quatre chats nouveau-nés, dont les têtes sanglantes levaient le cœur.

Monteilhet était contrarié...

– Le jardinier aurait pu les enterrer ou les jeter à la Garonne! Ce n'est pas un spectacle!

– C'est vous qui les avez tués? ai-je fait.

– Avant-hier, oui, à coups de carabine. La dépense peut sembler exagérée pour si peu de chose, mais je suis un hypersensible. C'est la décharge dans la nuque, à la papa Staline, qui assure les départs les plus heureux. Je me suis dit que ces petites bêtes avaient le droit de rejoindre le néant sans même s'en apercevoir. Je suis un vif partisan de l'euthanasie pour tout ce qui est privé d'âme...

Monteilhet a fait mine de se rappeler soudain que j'étais incroyant, et il a pris un air affreusement confus pour me déclarer :

– Pardonnez-moi! J'oubliais que vous étiez aussi athée que mes victimes. On ne devrait jamais parler d'animaux communs devant un animal supérieur. On risque de froisser. Je suis bien certain, cher ami, que vous tiendrez à honneur de périr en toute lucidité, dans un premier et dernier effort pour singer l'homme que vous devriez être!...

Ce qu'il y a d'encore plus certain, c'est que Monteilhet peut claquer en toute lucidité, je ne me dérangerai pas pour forcer sur la morphine! Cet individu est un dangereux paranoïaque. Si j'ai jamais songé à l'euthanasie, moi, c'était dans un cadre rassurant, familial et affectueux. Je soupçonne Monteilhet de méditer l'euthanasie de tous les imprudents qui iraient se déclarer sans âme. Il commencerait sans doute par euthanasier du socialiste – ce qui ne serait pas une grosse perte – mais l'appétit venant en mangeant, il pourrait bien finir par euthanasier quelques conservateurs[1]...

Je ne distingue aucun sens de l'humanité chez lui.

Le philosophe Michel Audiard a écrit : « Un con qui marche va plus loin qu'un intellectuel assis. » Jusqu'où Monteilhet ira-t-il?

1er septembre. Dimanche.

De bonne heure, comme on paraît à la corvée d'une messe aurorale, arrive ma chérie blonde, que Carole laisse aussitôt en tête à tête avec moi. Martine évite mon regard, fronce le nez à des odeurs déplaisantes que je ne sens plus, tire machinalement sur sa robe grise, ainsi qu'elle faisait autrefois, et me dit d'une voix neutre, une voix encore inconnue :

– Je n'ai qu'un instant. Patrick m'attend en bas. Nous allons passer la journée à Saint-Sébastien... pour rentrer demain matin... »

« DEMAIN MATIN! », oui! Elle a osé me jeter ça à la face! Il est vrai que j'avais la face à l'horizontale et le coup de pied dans le plâtre... Saint Sébastien, détournez ces flèches, s'il vous reste un atome de sensibilité!

Martine a poursuivi :

– J'ai hésité à te mettre au courant. Mais je pense que c'est préférable...

Elle a sorti une lettre de son sac avec ce commentaire :

– Je l'ai trouvée dans ma boîte en rentrant de vacances. Le facteur l'avait distribuée une dizaine de jours après ton accident.

1. Le docteur Simay exagère manifestement. Ce doit être un effet de fièvre.

Et elle me l'a donnée à lire...

Quand j'ai eu terminé ma lecture, j'ai cherché des yeux les jambes de Martine : j'étais seul.

Je suis demeuré assommé quelques heures, sans parvenir à ajuster deux idées. À présent que j'ai un peu repris le dessus, je vais recopier posément, pour mieux m'en pénétrer, ces infamies assenées à la machine. La corvée est horrible, mais si elle ne m'éclaire pas sur l'auteur, rien ne pourra le faire...

Mademoiselle,

J'ai travaillé quelque temps comme barmaid dans une des maisons qui entouraient le camp américain de la forêt de Captieux, désaffecté l'année dernière. On marchait surtout avec les Américains, bien sûr, mais il y avait aussi les clients de passage, et les habitués de la Gironde et des deux départements voisins.

Le docteur Simay venait toujours de nuit, et toujours seul. Nous ne connaissions pas, d'ordinaire, les noms des habitués étrangers au camp et, d'ailleurs, nous n'en avions rien à fiche. Mais vous savez ce que c'est que la province : quand un type va au bordel en Maserati avec le panonceau médical, on sait vite où il perche.

Je n'appréciais pas beaucoup la clientèle du docteur Simay. Comme il fréquentait des maisons convenables, il se montrait correct, mais il avait l'esprit vicieux.

Un soir qu'il était un peu gris, il m'a sorti en rigolant un truc dont je me suis souvenu, tellement c'était dégueulasse, et pourtant, Dieu sait si on en entend! « Pour les fantaisies, qu'il m'a dit, je n'ai pas besoin de fille soumise : j'ai une femme soumise! Je l'ai choisie bien laide exprès pour ça!»

Mais un autre soir, il m'a parlé de sa belle-sœur, c'est-à-dire de vous. Il était si content de vous avoir fait rater votre mariage en vous faisant un gosse et en vous empêchant de le faire passer qu'il n'a pu se retenir de s'en vanter après avoir bu.

Des types comme ça, c'est de la merde.

Généralement, Mademoiselle, les filles restent bouche cousue. Mais ça me ferait deuil que vous vous fassiez rouler plus longtemps dans la farine. D'autre part, je me retire du métier pour prendre un petit commerce de lingerie : j'espère que ma lettre me portera bonheur.

Bonne chance, Mademoiselle!

Une chose est sûre : c'est un faux. Je ne suis pas allé vingt fois là-bas, et jamais avec la Maserati... enfin, juste une fois, la Mini-Cooper étant en révision. Je ne m'y suis pas grisé non plus, et encore moins saoulé. Ce n'est pas mon genre! Si j'ai, à l'occasion, été un peu gai, c'est le bout du monde... En tout cas, même gris, même saoul, je ne me serais pas exprimé en ces termes sur le compte de Christine. À plus forte raison, n'aurais-je point soufflé mot de Martine.

Je ne vais point au bordel pour faire des confidences, moi, bon Dieu! Au contraire! Ce qui me plaisait surtout, chez ces Blanche-Neige des Landes que les grands nègres de l'US ARMY gorgeaient de trésors dans leurs maisonnettes de planches et de carton-pâte, c'était leur conversation. Elles émaillaient leurs joies et leurs peines de réflexions naïves et reposantes sur le temps, les petits oiseaux, les tracasseries hypocrites de la police gaullarde, sur le mari, la belle-mère, le mac ou l'enfant, qui jouait parfois dans la pièce voisine, tandis que la maman travaillait du casse-noisette. Je prenais là des bains de fraîcheur et de naturel, qui me lavaient des complications de Caudégnan et de ses étreintes plus raffinées.

Aucune de ces braves filles ne m'aurait fait une vacherie pareille !

D'ailleurs, le style de cette lettre n'est pas un style de putain champêtre. L'auteur déguise assez mal une certaine instruction...

Oui ! Il y a toutes les chances que ce soit un faux ! Toutes les chances ou presque : disons 99 sur 100.

Je devrais pouvoir repérer cet abject saligaud, quand même !

1° – Qui était au courant de ces virées nocturnes ?

Personne et n'importe qui. Autant abandonner cette piste...

2° – Qui diable est en mesure de savoir que Christine a toutes les complaisances ? (et c'est bien normal qu'elle les ait : je ne m'occupe pas d'elle si souvent et il est de mon devoir de lui donner le maximum de plaisir, ces jours de fête, en la comblant de ces délicates humiliations, par où la laide aime tant prouver tout l'excès de son amour).

La question est affolante ! Les femmes ne vont pas crier ça sur les toits !...

Il est possible, après tout, que l'anonyme soit un intuitif doublé d'un veinard. Il aura risqué le paquet, bien certain que Martine n'allait pas le contredire...

3° – Qui était au courant de l'avortement-bidon ?

Bertier et moi-même. Mais je ne vois pas à qui Bertier aurait été raconter ça...

L'anonyme aurait-il encore deviné? Pour le coup, ce serait un peu fort!

En somme, c'est le brouillard. Les intentions, là-dedans, ne sont même pas claires. Veut-on rendre service à Martine? ou lui faire de la peine? ou me brouiller avec elle? Et pourquoi avoir attendu que je fusse malade pour consommer une telle saloperie?

Mon esprit se perd...

Mais il faut absolument que je mette un nom sur cet anonyme d'urgence. S'il n'en dit pas plus, c'est qu'il n'en sait pas plus long. Dans cette affaire d'avortement, il n'y a aucune preuve contre moi. En dernière analyse, ce serait la parole de Bertier et la mienne contre l'accusation gratuite de X. Saisir X à la gorge et le confondre, C'est ma seule chance de ramener Martine à de meilleurs sentiments – ne serait-ce qu'au bénéfice du doute – avant que son imagination...

Grands dieux! Et si cette canaille allait révéler à Christine que Claude...

Non! Il l'aurait déjà fait. Il doit avoir des motifs impérieux pour ne pas le faire... Mais lesquels?

Oh! je vais devenir fou!

Il n'y a que par Bertier que je puis avoir un peu de lumière....

6 h de l'après-midi.

J'ai envie de mourir. Ma chérie blonde est perdue. C'est Bertier qui me l'a fait comprendre à l'heure du déjeuner...

Il a lu la lettre en fronçant les sourcils, l'a relue, s'est gratté la tempe, a hoché la tête, a fini par me déclarer tout tranquillement :

– Ça me paraît élémentaire, mon cher Simay.

Deux personnes étaient dans le secret de notre avortement à la noix de coco : vous et moi. Je n'ai rien dit. Vous non plus. Mais une troisième personne est intéressée à l'histoire : Mlle Dupont. À force d'additionner deux et deux dans sa petite cervelle de maman-célibataire, elle a pu trouver quatre... et même un peu plus ! Entre nous, mon vieux, vous ne ménagez guère les fiancés de vos maîtresses : ils dégringolent comme des quilles. L'étonnant, à mon avis, est que Mlle Dupont n'ait pas saisi plus tôt le caractère exclusif de votre attachement. Ce ne sont pas les coïncidences troublantes qui lui auront manqué...

« Mais c'est elle-même, mon cher, qui a écrit cette lettre ! Elle l'a d'ailleurs signée... exprès ou non. « Ça me ferait deuil », dans le dernier paragraphe, n'est-ce point une de ces expressions de terroir qui lui sont coutumières ? Tenez ! Il me revient qu'à l'occasion de son avortement raté, chez moi, devant vous, alors que je commençais à exprimer des réserves sur l'opportunité de l'intervention, Mlle Dupont a murmuré plusieurs fois : « Je vous en prie, je vous en supplie, faites-le-moi passer ce soir : ça me ferait trop deuil de le garder ! » Formule pittoresque en de telles circonstances ! Vous n'avez pas entendu ? Vous ne vous souvenez pas ?

Bien sûr ! Si je n'avais pas été abruti par des semaines d'immobilisation, la griffe de Martine m'aurait également frappé.

– Voyez-vous, a poursuivi Bertier, nous avons affaire à une manœuvre très féminine...

« Mlle Dupont cherchait à rompre des liens qui lui pesaient, mais les preuves de vos agissements lui faisaient défaut, et elle redoutait des discussions pénibles avec un alité. La preuve décisive, c'est elle qui la crée par cette lettre. Et pour couper court à tout bavardage, elle vous expédie au bordel, situation qui ne peut que gêner votre éloquence. Un gentleman a de la difficulté à mettre ses sentiments en valeur devant une mère irréprochable qui lui parle en retour des fesses de la grosse Lulu.

« Les femmes sont très attentives aux questions de forme et de vocabulaire. Je crains que Mlle Dupont ne se soit arrangée pour mettre les formes de son côté. La lettre est d'ailleurs si bien étudiée que vous pouvez l'attribuer à Martine ou à Kiki, ça ne change pas grand-chose...

Carole s'est alors précipitée dans la chambre pour faire une commission à l'oreille de Bertier, qui s'est précipité à son tour je ne sais où... Il ne devait pas s'agir d'une maladie de langueur.

Et voilà! Ma chérie blonde a profité de ce que j'étais infirme pour se déguiser en putain et m'espacer. Et sans la moindre preuve de mes « agissements », comme le faisait observer Bertier tout à l'heure! Un soupçon aura suffi pour qu'on donne la préférence à un trafiquant d'engrais qui se fait appeler « Patrick »! Ah, la garce! Me faire ça, à moi, après tant d'années d'existence commune, de plaisirs communs, de confiance mutuelle! C'est à vous dégoûter des femmes pour la vie! C'est à se retirer au fin fond d'un désert pour y pleurer sur les cailloux!

La seule idée qui me réconforte, dans ce malheur inouï, est que Christine ne risque pas d'apprendre quoi que ce soit. Soulagement bien négatif.

2 septembre. 5 h de la nuit.

Je n'aurai plus jamais peur pour mon amour de petite Claude. C'est Christine qui me l'a dit hier soir. Claude est tombée à midi sur le râteau du jardinier. Elle est morte à quatre heures de l'après-midi, tout près de moi, derrière la cloison. J'aurais pu l'entendre crier si l'insonorisation des chambres de luxe n'avait été si efficace. Dors, ma chérie! Papa est là, maintenant! Tu ne tomberas plus sur les dents du râteau. Au Ciel, on ne tombe pas. S'il n'y a pas un Ciel au moins pour les enfants, c'est à désespérer de tout... Mon Dieu que je souffre! J'en ai mal jusque dans les jambes que je ne sentais plus...

Il faut que j'échappe de nouveau à cette mort par le sommeil. Tout ce que je possédais d'innocent pour me rattacher à l'existence vient de disparaître. C'est intolérable!

4 septembre.

Reçu au courrier d'avant-hier un catalogue d'une maison spécialisée, que Martine avait posté lâchement à mon intention avant de partir pour Saint-Sébastien en abandonnant ma pauvre Claude aux soins d'une femme de ménage. C'est fou, tous les modèles de voitures d'infirmes qu'on fabrique aujourd'hui! Le catalogue était accompagné d'une carte de visite, où l'expéditrice avait écrit : « Pour courir après les filles. » La haine est un sentiment bizarre, qui m'a toujours surpris. Même les prétendants de Martine, on ne peut pas dire que je les ai haïs beaucoup...

J'étais si éprouvé par la mort de ma fille que cette nouvelle ignominie de Martine ne m'a pas choqué comme elle l'aurait dû. Mais ce matin, au sortir d'une somnolence – le plus souvent artificielle – de deux jours, un grand froid m'a envahi tout à coup, de la tête à mes jambes mortes : je venais d'être pénétré par une appréhension si horrible!

J'ai réclamé Bertier aussitôt. Il m'a fait attendre assez longtemps, car il bricolait sur une des couveuses de la maternité, qui fonctionnait mal. Mais dès qu'il est apparu, je me suis senti mieux. Il y a du magnétisme chez ce type, comme chez un Raspoutine.

Au lieu de m'empoisonner par un baratin funéraire, il a simplement posé sa main sur la mienne et m'a dit :

– Désolé pour Claude! J'ai fait l'impossible. Elle n'a souffert que quelques heures. Je sais ce que vous devez éprouver à ne pouvoir extérioriser votre peine...

En souriant, il a ajouté :

– Si ça peut vous consoler, songez que cette petite ne risque plus d'épouser des hommes tels que vous ou moi...

Voilà comme on doit parler!

J'ai montré à Bertier le catalogue et la carte de visite, qui l'ont vivement contrarié...

– Ah, la salope! Jamais vu ça!

Il a vite repris son sang-froid, a haussé les épaules...

– Et après? Ces délicatesses ne font qu'exprimer un souhait, non?

Je lui ai répondu que j'aimerais en être sûr et lui ai demandé de faire monter mes radios par Carole.

Bertier a hésité un moment avant de me dire :

– Puisque vous en êtes là, je jette un coup d'œil sur le derrière de notre inverti municipal, et je vous monte ces radios moi-même. Vous verrez qu'il n'y a pas de quoi fouetter un chat...

Vingt minutes plus tard, Bertier me commentait

les radios de mes jambes... Je lui ai arraché les radios du bassin!

– Alors? a fait Bertier. Qu'y a-t-il de dramatique là-dedans? Vous avez encore eu de la chance que le déplacement n'intéresse pas le sciatique gauche... Sinon, vous n'auriez pas fini de gueuler!...

J'ai eu beau me concentrer sur ces radios, je n'ai rien distingué de plus que Bertier. Mon soulagement a été tel que j'ai sombré dans une béatitude où les propos rassurants de mon cher confrère n'étaient plus qu'un bruit de fond : j'allais remarcher bientôt!

Il faut passer par des angoisses de ce genre pour juger de la véritable importance d'une Martine. Je préfère encore mes jambes à toutes celles des girls du Lido!

5 septembre. 1 h du matin.

Mon cerveau va s'éteindre dans quelques heures, et je me sens vraiment très calme, très détaché, d'une lucidité rare. J'ai remarqué ce courage apaisant chez certains malades condamnés, quand venait la grande certitude de l'inévitable. Lâches devant les doutes et les tribulations, ils n'en regardaient pas moins la mort en face comme moi.

Pour un incroyant, d'ailleurs, la mort n'est rien – au sens le plus fort du terme. Mourir, ce n'est pas aller quelque part pour s'y entendre dire des insolences par des mécontents, c'est tout au plus se détourner un moment vers le temps passé si la conjoncture l'autorise. Mon « flash-back » n'est guère réjouissant. Il n'est pas de nature à retenir. Que de travaux pour quelques orgasmes! Que de soucis pour quelques bonheurs! La vie n'est aimable que si l'on nourrit de solides illusions, et tout compte fait, ce sont les autres qui les auront nourries sur moi. Et encore, Martine n'a-t-elle pas été fichue de les nourrir jusqu'au bout !

Je me demande même si j'ai réellement vécu... si cette matière, qui semblait me prêter de la consistance, n'était pas une monstrueuse plaisanterie. À la fin du chapitre consacré aux atomes de la récente *Encyclopaedia Universalis*, qui fait le point des dernières découvertes, M. Leite Lopez débouche sur l'ultime réalité du « hadron », structure formée de trois types d'objets appelés « quarks ». Et il conclut treize pages de dissertation serrée par cette phrase bouleversante que je restitue de mémoire : « On ne sait si ces quarks ont une réalité physique et si on peut les reproduire, ou s'ils sont simplement des objets mathématiques, les composantes d'un vecteur complexe à trois dimensions appartenant à l'espace de représentation du groupe SU3. » Voilà qui est triomphal ! Je n'aurais été, en dernière analyse, qu'une vision mathématique dans un espace farfelu ! Dieu doit avoir du mal à accrocher des âmes à ces quarks. La mienne aura glissé durant une absence de l'ange gardien. J'espère qu'on l'a donnée à Claude...

Les choses se sont précipitées tout d'un coup à une allure folle ! Il suffit d'un après-midi pour descendre d'une relative béatitude au suicide.

Après déjeuner, vers trois heures, j'ai reconsidéré mes radios, que Bertier avait abandonnées sur la table de nuit en s'en allant.

On ne passe pas le tiers de son existence dans une clinique sans avoir à peu près dans l'œil – subconsciemment pour ainsi dire – les formats divers dont accouche l'appareil de radiologie. Il m'a semblé que quelque chose était bizarre... Et de fait, les radios du bassin étaient légèrement plus courtes que les radios des jambes de format identique. Or c'est au bord des radios qu'on porte avec une encre blanche spéciale le nom de l'intéressé et la date du tirage. Un rien de salive permet d'effacer l'inscription, mais une empreinte subsiste alors, qui se distingue par transparence ou sous un certain angle.

On avait sélectionné dans nos archives des radios anodines, on avait fait disparaître d'un coup de ciseaux le nom et la date primitifs, on avait écrit sur un bord quelconque mon propre nom et la date me concernant.

J'étais foutu. Les radios originales devaient être bien catastrophiques pour que Bertier n'ait pas osé les produire.

Une heure de réflexions m'a permis d'y voir de plus en plus clair. À quatre heures, j'ai ordonné à Carole par l'interphone de faire grimper Bertier en vitesse. Elle a saisi que je ne plaisantais pas, car Bertier est accouru dans les cinq minutes.

Je lui ai dit très posément :

– Je vous remercie, mon cher Bertier, de sacrifier vos vacances, depuis une quinzaine, à la bonne marche de cette clinique. Et je vous remercie plus encore de vos soins. Si le vent n'avait pas tourné brusquement, vous m'auriez mené en bateau quelques milles de plus...

(Bertier a froncé ses gros sourcils.)

– Ne vous frappez pas! Vous n'avez rien à vous reprocher! Vous aviez affaire à forte partie : un médecin, ça connaît tous les trucs, c'est dur à tromper longtemps...

« La première fausse note qui aurait pu éveiller ma méfiance, je l'ai entendue en signant ces papiers qui ont défilé sous ma plume, quelques jours après l'accident, lorsque je suis tombé des nues, lesté de morphine...

(Bertier a sursauté.)

– Oui! Pour un homme qui devait être rendu à l'activité dans les deux mois, ça faisait beaucoup de paperasses... Jusqu'à une procuration générale, si ma mémoire est bonne. À croire qu'on avait la délicatesse de me dégager une fois pour toutes, en douceur et *in aeternam*, des moindres soucis de finances!...

Bertier a protesté véhémentement. Je l'ai arrêté de la voix et du geste :

– Ne protestez pas! Étant donné mon état, la précaution s'imposait. Ma main aurait pu s'engourdir d'un moment à l'autre, non? Il était même gentil à Christine de la guider dans ce pensum alors que ma vue était trouble : plus tard, l'expérience m'aurait sans doute impressionné.

« La deuxième fausse note, c'est la manière dont on me chambre... avec ma complicité, d'ailleurs! C'est la présence de ma femme dans ce cagibi où elle succède à Carole chaque soir. Pour un cas banal, je trouve qu'on me soigne d'un peu trop près, voyez-vous, pour ne pas dire un peu trop bien. Depuis qu'on m'a fourré dans ce plâtre, que de contrôles, que d'analyses! Et je passe sur les drogues ou les piqûres...

« Mais la dernière fausse note, celle qui ne se discute pas, c'est une différence de trois centimètres...

J'ai réuni les radios pour faire apprécier le décalage à Bertier, qui s'est troublé.

Il a tenté d'esquiver, mais je lui ai dit – ce qui était sans réplique :

– Finissons-en! Ou bien vous me laissez avec ces radios étrangères sur les bras, et j'imagine le pire. Ou bien vous me montrez enfin mes vraies radios, et il est possible, vos commentaires aidant, qu'elles me laissent un vague espoir... Pourquoi pas ?

Bertier m'a tourné le dos, est demeuré immobile un instant... Je l'ai entendu soupirer, et il est sorti.

Trois minutes plus tard, il jetait sur ma poitrine des radios de dimension convenable, où je retrouvais mon nom et la date de l'accident. C'était moi.

Je suis peut-être moins calé que Bertier en matière de radios, mais celles-là étaient si claires que Bertier lui-même m'a fait la grâce de ne pas les commenter. C'était la paraplégie définitive.

– Ça ressemble au cas du sous-préfet, ai-je constaté. Vous vous êtes donné beaucoup de mal, mon pauvre Bertier, pour recoller quelques os dans des membres qui ne serviront plus à rien...

– Vous êtes bien avancé ! s'est exclamé Bertier d'une voix bourrue. Au lieu de vous tenir tranquille et d'épuiser toutes les illusions d'usage ! Espèce d'âne !

– C'est en effet le propre des ânes, ai-je reconnu, que de se ruer sur les vérités qui passent pour s'y faire étriller. Soyez tranquille ! Je ne recommencerai plus !

J'allais prier Bertier de me laisser seul, quand j'ai sollicité son diagnostic sur un point qui me préoccupait...

– Dites-moi un peu, cher ami... puisque c'est la minute de vérité entre nous... Il n'est déjà pas drôle, pour un paraplégique, de se faire chevaucher par une épouse boiteuse. Mais je crains de ne pas même avoir ce plaisir. Depuis quelque temps, j'ai cru observer que Carole elle-même ne m'excitait plus guère que le cervelet. Comment augurez-vous donc de mes futures facultés dans ce domaine ? L'âne, le cerf ? ou bien... la libellule ?

– Entre les deux, m'a fait Bertier. Disons... le cerf-volant[1].

C'était limpide.

Bertier parti, Carole a surgi bientôt pour s'affairer à des broutilles dans la chambre. Il est d'usage de surveiller le patient qui vient d'apprendre que ses quarks se bousculent au portillon pour quitter un de ces jours l'espace de représentation SU3.

Un orage qui avait crevé, la pluie sur les vitres, le tap-tap des talons de Carole m'ont énervé. J'ai enjoint à la fille d'aller voir dans le couloir si j'y étais...

Les Évangiles apocryphes nous racontent que c'était une des blagues préférées du Christ après la Résurrection. Les saintes femmes et les apôtres avaient alors si peu de foi qu'ils se précipitaient à tous les coups dans le couloir, saint Thomas en tête, pour vérifier si Jésus y était ou non. Ce n'est qu'à la Pentecôte qu'ils auraient fini par comprendre le sel profond de la manœuvre.

Carole s'est d'autant plus méfiée de mes talents de lévitation que j'étais paralysé. Elle n'a pas obéi. Elle s'est même assise, blouse retroussée sur ses cuisses, nez contre la vitre.

Des heures d'un tel spectacle ont coupé les derniers liens qui me rattachaient à l'existence. Cette rousse têtue était l'affreuse image de ce que le sort me réservait si j'avais le masochisme de persévérer : image où je ne pouvais pénétrer, image qui ne pouvait sortir de moi...

Ce n'est pas le courage qui me manque lorsqu'il est indispensablc. Mais quel sens aux cris de la bête dans son piège? N'est-ce point, justement, parce

1. Il doit s'agir du lucane mâle, insecte coléoptère, et non pas, bien entendu, d'un jouet enfantin.

que la souffrance n'a aucun sens que j'avais tant souhaité l'épargner à Christine?

C'était hier 4 septembre le dixième anniversaire de mon mariage. Après avoir dîné d'assez bon appétit, j'ai retenu ma chérie brune près de moi, toute retournée que je la susse sachante que je savais... (C'est la formule la plus brève pour exprimer cette idée. Quand on meurt, il convient d'être bref). Christine était en larmes et désireuse d'aller cacher une peine qui ne pouvait qu'accroître la mienne.

Je lui ai pris la main, comme à Édirne, chez les Turcs, et j'ai mis son cœur en condition, remuant parmi nos souvenirs, en ce jour anniversaire, ceux qui étaient les plus faits pour la toucher.

Enfin, je lui ai déclaré :

– Voilà dix ans, mon amour, que je réalise l'impossible pour vous être agréable... (le « vous » avait quelque chose d'un peu lointain, qui s'accordait à la dignité de la scène et à mes projets de fuite). Voilà dix ans que je vous comble de tout, veillant sur vos jours et sur vos nuits comme vous veillez sur moi depuis la fin juillet. Je vous aurai dissimulé toutes les laideurs de la vie, et j'aurai fait de vous, à force de soins, ce à quoi vous n'étiez pas apparemment destinée : une femme heureuse. La laideur que je dois vous dissimuler désormais, c'est moi-même. Je vous aime trop pour souffrir que vous me souffriez souffrant plus longtemps.

« Faites-moi donc la grâce d'oublier par mégarde à mon chevet ce qu'il faut de morphine – ces larmes de Morphée – pour que je vous quitte avec reconnaissance! À qui un homme dénué de raisons de vivre irait-il demander ce service, sinon à sa femme bien aimée?

Christine s'est reculée avec horreur. J'ai dû

batailler ferme pour la convaincre, tandis qu'elle accumulait les objections... En désespoir de cause, elle est allée découvrir des objections d'ordre pratique un peu inattendues : elle craignait, s'il fallait l'en croire, que Bertier ne fût accusé de négligence, voire de complicité...

Avec un sourire condescendant, j'ai fini par tracer ces lignes :

Je soussigné, Marc Simay, docteur en médecine, certifie par la présente, en date du 4 septembre 1968, que j'ai le dessein mûrement réfléchi d'attenter à mes jours à la première occasion, malgré les difficultés d'une telle entreprise dans une clinique dont j'ai moi-même élaboré les règlements. Si je parvenais à mes fins, le personnel ne saurait à aucun degré en être tenu pour responsable : son sens du devoir, sa compétence, son dévouement à ma santé le placent a priori au-dessus de tout soupçon.

Marc Simay

Christine a parcouru la chose en pleurant, m'a fait corriger quelques mots qui n'étaient pas, paraît-il, suffisamment lisibles...

Elle n'en pouvait plus. Fourrant le papier entre ses seins amaigris par des semaines d'inquiétudes, elle a effleuré mes cheveux de ses lèvres et s'est sauvée.

J'ai failli la prier de rester encore un instant pour d'ultimes recommandations... Mais qu'aurais-je pu lui recommander? Elle avait veillé en personne à ce que toutes mes affaires fussent en ordre.

Il était neuf heures du soir. J'ai éteint la lumière et une grande paix m'a envahi. Je ne sentais déjà plus le bas de mon corps, la paix allait bientôt remonter en moi, et quand je ne sentirais plus mes cheveux, où le dernier baiser de Christine s'était posé, il n'y aurait même plus de « je » pour m'ennuyer : ce serait le nirvâna suprême, ce paradis des abrutis, où les consciences individuelles les plus turbulentes se mélangent et se dissolvent comme des lotus dans la panse confuse des vaches sacrées.

Peu avant minuit, je faisais semblant de dormir, quand la porte s'est entrouverte sur une silhouette chérie, qui s'est glissée vers moi, puis a fait demi-tour...

– Christine? ai-je murmuré.

L'ombre s'est arrêtée près de la porte.

J'ai suggéré à voix basse, dans le noir

– Bertier est un type très bien, tu sais... Je crois que tu peux lui faire confiance pour diriger la clinique encore mieux que moi. Tu pourrais aussi lui faire confiance un jour pour autre chose... et l'épouser, par exemple... si tu sais le prendre. Mais il est facile à prendre : il est porté sur toutes les femmes et dévoré d'ambitions. Tu ne serais pas malheureuse avec lui. Il te tromperait, mais il te ferait des enfants. Toutefois, retiens bien ce que je te dis là, ma chérie... Bertier est comme son chien-loup : il faut le tenir en main ou il vous dévore. Donne-lui du revenu s'il donne lui-même satisfaction, mais garde ton capital, surtout! Tu entends? Ne te laisse pas faire!...

Après un petit silence, l'ombre a répondu très doucement :

– Merci du conseil. Je m'occuperai de Bertier. Il n'aura pas d'os sans faire le beau. Dors bien. Je t'aime jusqu'au bout comme tu le mérites...

Et Christine est sortie de ma vie sur la pointe des pieds – dont une pointe de canne.

J'ai rallumé. Il y avait à mon chevet un soporifique radical, solution plus simple et plus élégante que la morphine...

Il est 3 h 45. Je vais ranger mon manuscrit et glisser la clef du tiroir dans l'enveloppe de la lettre que je viens de rédiger à l'adresse de Bertier, pour le prier de jeter ma prose à l'incinérateur sans la lire, vu que je suis dans l'impossibilité de la brûler moi-même comme je l'avais espéré.

Mais une néfaste curiosité mène le monde. Si Bertier me lit jusqu'ici, il saura qu'il est un indiscret, un homme qui n'a aucun respect pour les dernières volontés de mes 82 kilos de « quarks » (et je ne compte pas le poids du plâtre). Mais il apprendra aussi que j'ai travaillé *in extremis* à lui préparer un beau mariage, c'est-à-dire un mariage où il aurait de multiples occasions de faire le beau s'il veut avoir son os.

Bonne chance, mon vieux! Encore merci! je vous quitte. Adieu ou à rien.

LE DIALOGUE

– Allô ? Marc ? C'est Christine, à l'interphone...

– Oui ?

– Tu dors ?

– Pas encore...

– Je n'arrive pas à dormir, moi !

– Ah ?

– Tu n'as besoin de rien ?

– Non, chérie. Merci.

– Tu as pris... ton médicament ?

– Oui, chérie. Je viens de le prendre.

– Oh, mon Dieu ! Tout lc tube ?

– Oui, tout le tube. Écoute, chérie, tu es très gentille, mais tu dois saisir que j'ai besoin d'être seul...

– Pourquoi donc ? Tu as des prières à faire ?

– Pas précisément...

– Alors il vaut mieux que tu bavardes avec moi jusqu'à ce que tu t'endormes.

– Je préfère être seul.

– Ce n'est pas raisonnable : si je te laisse seul, tu vas penser à la mort, et tu t'en iras sur des idées noires...

– Eh bien, tant pis ! Les animaux s'isolent pour mourir : j'ai le droit d'en faire autant.

– Les animaux ne s'isolent pas pour mourir,

puisqu'ils ignorent tout de la mort. Ils s'isolent dès qu'ils sont gravement malades, pour cacher leur faiblesse à leurs ennemis, sans doute...

– C'est bien possible...

– Si tu as idée de la mort, tu n'es pas tout à fait un animal.

– Oh, ça va, Christine! Fous-moi un peu la paix!

– Marc! Me parler comme ça! À un pareil moment! Après ce que j'ai fait pour toi!

– Excuse-moi...

– Je ne voulais que te distraire. Tu vois : je t'ai déjà fait gagner cinq minutes.

– Oui. Je comprends. Merci, ma chérie. Mais je t'assure que ce n'est pas la peine.

– Quelle heure as-tu?

– 3 h 59.

– Tu te souviens, il y a treize ans, à cette heure-ci?

– Et alors?

– Mais je dormais entre tes bras au « Hilton » d'Istamboul, mon chéri! Tu te souviens?

– Non! je dormais aussi. Bonsoir, Christine!

. . . .

– Allô? Allô?

– Quoi encore?

– Tu as coupé notre plus beau souvenir?

– Je coupe, oui! Je voudrais mourir tranquille!

– Comme les quatre petits chats de Monteilhet?

– Pardon?

– Et comme tu voulais faire de mon angora?

– ...

– Tu voudrais partir en ronronnant, pour retomber sur les pattes de l'oubli, du côté de Sainte-Croix-du-Mont ?

– ...

– Tu sais bien : l'angora sur lequel tu trébuches dans le noir quand tu te décides enfin à descendre chez ma sœur... l'angora qui proteste sur le ton de la vertu outragée quand tu lui marches sur la queue...

– Christine !

– Voyons, Marc, franchement, as-tu le droit de partir en ronronnant ?

– Christine ! Je rêve !...

– J'ai rêvé aussi, mon vieux. Mais je me suis réveillée, réveillée pour vivre. Tu te réveilles malheureusement dans des conditions différentes... Je parie que tu serais curieux d'apprendre qui m'a réveillée ?

– ...

– C'est ton ami Bertier.

– Quoi ?

– Bertier, oui ! Martine était enceinte de sept mois quand je suis allée le consulter à son cabinet. J'étais naïve : j'espérais qu'un médecin pourrait me refiler un truc pour déjouer toutes tes ignobles précautions et t'obliger à me faire un gosse malgré toi.

Bertier était moins naïf. Il m'a conseillé de m'adresser ailleurs si je voulais des résultats.

Oh, je ne t'aurais pas trompé pour si peu ! Tu étais le seul homme que j'eusse jamais connu, un mari qui me souhaitait tous mes anniversaires...

Mais Bertier a eu l'idée de me signaler tes exploits dans les plumes de cette chienne de Martine, tandis que je dormais à poings fermés avec mon boa en bandoulière; dans les poils des poules de Captieux ou d'ailleurs, tandis que j'attendais le soir que tu rentres d'une « urgence ». Je t'en foutrai, des urgences, moi, salaud!

C'était si énorme que je n'ai pas voulu y croire. Je ne me suis rendue qu'à l'évidence. Tu te rappelles la jaunisse que j'ai faite à l'accouchement de Martine? J'ai failli devenir folle, Marc...

Je n'aurais d'ailleurs pas su avec qui te tromper si Bertier n'avait tenu bientôt à m'examiner de plus près, de crainte, paraît-il, que je ne fusse stérile. C'est un homme qui apprécie les jolies femmes, lui, au moins! En deux ans et neuf mois, il me l'a prouvé plus souvent que toi en dix ans!

Et Bertier n'a pas que cette qualité : il est d'excellent conseil. Il m'a retenue de te tomber dessus à coups de canne, et il m'a prêché la patience, en attendant mieux...

C'est que tu aurais été ravi de divorcer, au fond, n'est-ce pas? Après quelques larmes de crocodile sur les malheurs de ta Christine, tu aurais filé dans la énième Maserati dont je t'ai fait cadeau, embarquant ta chérie blonde, ta bâtarde, la moitié de ma dot, et je serais restée seule avec mes yeux pour pleurer, la risée du pays!

J'ai préféré patienter. On en voit des choses, quand on patiente!... Il suffit d'entrouvir ses volets, par les nuits d'été, après avoir jeté le soporifique au panier. Tu as un peu oublié la nuit d'Istamboul, mais tu dois te souvenir de ces nuits-là, non?

– ...

– Tu m'en as cependant fait voir, des ombres chinoises, à travers le rideau! Elle te plaisait, ta Martine, hein? Elle était appétissante, sous la lumière de sa lampe de chevet? Tu ne fais la lumière, en somme, que quand tu devrais te cacher, Marc! Mais pourquoi te serais-tu gêné? je dormais...

Ce que j'ai pu te haïr, mon pauvre Marc! Une nuit, pourtant, tu as tiré le rideau, et tu t'es accoudé à la fenêtre de la petite chambre pour fumer une cigarette. Tu avais bien mérité un entracte! Longtemps, tu as regardé mes volets. Tu as jeté ta cigarette sur la pelouse. Et avant de te détourner, tu m'as envoyé un baiser du bout des doigts...

Bertier était par hasard derrière moi. Il me caressait doucement pour me consoler. « Un type de cette espèce, m'a-t-il dit, ça ne se hait pas. Il est justiciable du *fly-tox.* »

Je crois que Bertier avait raison.

Sais-tu ce qui m'a décidée enfin à refaire ma vie? À force de recevoir des baisers par-devant et par-derrière, j'étais tombée enceinte, mon chou! Eh, oui! Tu te seras fait un enfant posthume du bout des doigts, tandis que Bertier te faisait un enfant apocryphe par un autre bout. Il y a déjà trois mois et demi que vous m'avez engrossée tous deux...

Mais j'y pense!... Tu as un autre enfant, qui dort aux « Rameaux », en compagnie de son ours en peluche, pendant que sa maman se fait donner quelque part du Patrick avec distinction, la jambe et le petit doigt en l'air...

Tu n'auras fait qu'un enfant tout seul, et c'était dans le dessein d'embêter le monde! Caricature de père, va!

– Ma Claude vit?
– Évidemment!
– Elle vit, oui ou non?
– Elle est plus vivante que toi!
– Ah! je te préviens que si tu me mens...

– Si je te mens, il ne se passera rien de plus que ta mort, imbécile !

– Mais pourquoi m'avoir fait croire... ?

– Pourquoi, en effet ? Devine un peu... Pourquoi ai-je pris la plume d'une de tes putains pour écrire la lettre anonyme à ma triple sotte de sœur ? Pourquoi t'ai-je expédié le catalogue de ton avenir avec la carte de visite que je lui avais chipée ?

Pourquoi cette garce de Carole, après t'avoir émoustillé à prix d'or des semaines durant, t'a-t-elle anesthésié le cerf-volant ?

– Oui, pourquoi ? Vas-tu le dire, nom de Dieu de nom de Dieu ?

– Pourquoi TOUTES les radios que tu as vues avaient-elles été PLUS OU MOINS raccourcies ?

– Comment : « toutes plus ou moins » ? Qu'est-ce que ça signifie encore, ça ?

– Ça signifie qu'aucune de ces radios ne te concernait.

– Où sont mes radios. Où sont-elles ? Où sont-elles donc ?

– Nulle part.

– Nulle part ?

– Bertier a jugé inutile d'en faire.

– Quoi ?

– On ne gaspille pas de radios sur un condamné. De toutes manières, ces radios t'auraient paru si épouvantables qu'il eût fallu te les cacher...

– Mais qu'est-ce que j'ai de cassé à la fin ?

– L'âme.

– Et encore ?

– L'âme nous a suffi, à Carole, à Bertier et à moi-même.

– C'est-à-dire ?

– À l'aube du 19 juillet, Bertier m'a rejointe sur

la petite route déserte de Sauveterre-de-Guyenne pour m'aider à mettre en miettes la Maserati...

– Tu divagues! Je suis rentré dans un arbre!

– Qui te l'a garanti?

– ...

– Tu as dormi un moment au pied d'un noyer, oui, le sourire aux lèvres du monsieur qui part en vacances avec une épouse aveugle et bafouée.

Avant de t'allonger comme un sac de maïs sur la banquette arrière de sa Simca, Bertier t'a caressé les côtes du bout de sa chaussure (pour me faire plaisir, car il n'est pas méchant), et il m'a dit... écoute bien ce qu'il m'a dit!...

« N'aie pas peur, ma chérie brune! Je te parie une Ferrari contre une bicyclette que ton dormeur te quittera sans se faire prier pourvu qu'on le laisse mijoter à feu doux le temps convenable. On lui supprime ses jambes, sa maîtresse, sa fille, son bordel, son cerf-volant... On ne lui laisse que Dieu et sa femme, dont il n'est pas foutu de faire quelque chose. Il doit craquer. Il sera trop lâche pour affronter ce décor, assez téméraire pour regarder de profil la Camarde et sa faux. Il finira comme un Néron, suppliant ses affranchis de l'euthanassassiner! »

Je lui ai parié, moi, que tu serais trop lâche pour vivre et trop lâche pour mourir, qu'il faudrait te sacrifier ou te gracier...

Tu m'as fait perdre mon pari, crapule! Et en trichant, encore! Crois-tu qu'un psychologue comme Bertier avait besoin des photocopies journalières de ta prose pour achever de l'éclairer sur ton traitement?

Tu peux malgré tout compter sur moi pour te faire incinérer comme tu le souhaites. Une autopsie m'ennuierait, tu sais... Quand on enterre sous une bonne couche de plâtre un mari ultra-sensible qui n'a pas un os de cassé, dans l'espoir de l'entendre mourir en pleine forme...

– Au secours! Au secours! Au secours! On m'assassine! On me suicide! Un lavage d'estomac, vite! À l'aide! Pitié! Christine, je t'en supplie[1]...

1. L'enregistrement réalisé en souvenir par Mme Marc Simay à l'aide de son magnétophone de poche se termine sur onze minutes de hurlements et de supplications ininterrompus, qui faiblissent peu à peu pour laisser place au silence du grand sommeil. Nous n'avons pas jugé utile de reproduire *in extenso* ce curieux document humain, dont l'intérêt littéraire est d'ailleurs discutable. C'est le son qui en fait toute la valeur...

Parfois, les nuits où le docteur Bertier souffre d'une « urgence », Mme Paul Bertier s'assied mélancolique à la fenêtre de sa chambre des « Rameaux », dans l'ombre des volets entrouverts, et elle regarde fixement la maisonnette obscure qui lui fait face, tandis que le docteur Simay hurle et supplie à ses oreilles attentives.

C'est ce qu'elle appelle, avec un sourire timide qui semble quêter une excuse : « faire gueuler son premier Jules ». Nous tâchons alors de ramener Mme X à de meilleurs sentiments, et par notre exemple, et au besoin par nos œuvres.

Dans Le Livre de Poche

Extraits du catalogue

Hubert Monteilhet

La Pucelle

n° 6658

« J'ai voulu boucher les trous de l'Histoire. J'ai mis à plat les deux procès de Jeanne, j'ai étudié de très près les actes des juges de Rouen. Et j'y ai trouvé des révélations extraordinaires », dit Monteilhet.

Toutes nos idées reçues vacillent. Cauchon ne songe qu'à sauver la Pucelle et manque d'être lynché par les Anglais lorsqu'il brandit une sentence de pardon. Pour l'égarer et la perdre, Warwick fait entendre à Jeanne de fausses Voix sous les fenêtres de sa cellule. Quant à Jeanne elle-même, ce n'est plus une petite bergère, ce n'est plus une « patriote ». Elle reconnaît avoir été trompée par ses Voix... Seule sa pureté reste intacte : « Pucelage d'acier, pucelage d'une très anormale qualité pour résister ainsi à un millier de lieues à cheval ! » avoue Cauchon.

Monteilhet, romancier diabolique, a choisi pour narrateur le jeune et séduisant Vénitien Pietro Condulmer. Afin de le guérir de son amour fou pour une prostituée, on l'a expédié en France – autant dire, à l'époque, sur une autre planète – en qualité d'observateur. Vu par ce jeune étranger, c'est tout un pan de notre Histoire qui bascule...

« Inutile de nier que c'est passionnant. Cet auteur est de la famille des professeurs fantastiques, merveilleux, avec qui une heure de cours de géographie ou d'histoire semble durer cinq minutes, tant ils ouvrent des horizons. »

Michel Cournot, *Le Nouvel Observateur.*

Le Retour des cendres n° 7384

Quand Elisabeth Wolf revient du camp de concentration où elle a été déportée, une fortune l'attend : l'héritage de sa famille disparue dans le génocide.

Un mari, aussi, qui, lorsqu'il la revoit par hasard alors qu'il la croit morte, ne doute pas d'avoir rencontré un sosie de sa femme. Lequel lui serait bien utile pour entrer en possession de l'héritage...

Elisabeth va jouer le jeu, afin de savoir vraiment, à la faveur du quiproquo, qui est cet homme qu'elle a aimé. Un salaud, un cynique de haute volée ? Ou simplement un lâche très ordinaire, presque candide dans son ignominie ?

Hubert Monteilhet traite ce sujet très noir avec la finesse, l'humour – la pitié souvent – qui sont sa marque d'écrivain. Avec aussi un style brillant et un sens inégalable de l'intrigue et du suspense. Un petit chef-d'œuvre à lire ou à relire d'urgence.

Les Mantes religieuses n° 4317

« Nous avons constitué d'emprunts une sorte de roman criminel. Nous sommes sensible au fait que cette littérature correspond de nos jours à une intime exigence de l'esprit public. Dans un monde où les nerfs sont à permanente épreuve, il est plus qu'autrefois réconfortant de conjurer ses soucis par l'innocente jouissance des angoisses d'autrui. Pour les honnêtes gens, les sanies de certaines âmes ont sans doute un pouvoir de distraction, une thérapeutique vertu, que rien ne saurait remplacer.

Mais nous nous sommes efforcé d'apporter à cette littérature ce dont on la prive trop fréquemment : une rigueur classique. Nous avons choisi une histoire où l'horreur procède plus de la psychologie des acteurs que d'un vain décor, une histoire où un vocabulaire généralement mesuré suffit – semble-t-il – à tout exprimer. »

Dans ce chef-d'œuvre aux accents pervers, qui obtint le *grand prix de Littérature policière,* se retrouvent les « monstres féminins », le style sec et mordant et le sens de l'intrigue qui caractérisent l'originalité et la maîtrise de Monteilhet.

La Part des anges n° 7322

Pourquoi des personnalités aussi respectables qu'un grand critique gastronomique ou un général en retraite se transforment-elles tout à coup en érotomanes frénétiques, avant de mourir rapidement ?

Un agent d'assurances entreprend une enquête, qui le mène bientôt à Cognac. Là, dans ce milieu balzacien pétri de valeurs sûres, il va découvrir derrière chais et fûts un scandale de portée internationale.

Humour, élégance et gaillardise, secrets culinaires et policiers : Hubert Monteilhet s'en donne à cœur joie et nous entraîne, au fil d'une passionnante investigation, dans les arcanes des compagnies d'assurances et des grands producteurs de cognac.

Mourir à Francfort n° 7323

Un respectable professeur d'université publie sous pseudonyme des romans à quatre sous. Pour se débarrasser d'un contrat, il porte à son éditeur un récit oublié de l'abbé Prévost, à peine retouché.

Mais voici que ce plagiat rencontre un succès énorme, imprévu... Cependant qu'une de ses anciennes élèves, jeune fille rigoriste et naïve, qui travaille à la Bibliothèque Nationale, découvre la supercherie.

L'histoire s'achève dans l'ambiance surchauffée de la Foire de Francfort, où les éditeurs étrangers se passionnent pour ce best-seller à secrets.

Hubert Monteilhet nous entraîne ici de la comédie au drame, avec la drôlerie, l'érudition brillante et la science de l'intrigue qui lui valent la faveur d'un immense public.

Dans Le Livre de Poche policier

Extraits du catalogue

Astafiev *Victor*
Triste polar

Bachellerie
L'Ile aux muettes

Baudou *Jacques* (Sous la direction de)
Mystères 88
Anthologie du mystère

Borniche *Roger*
Vol d'un nid de bijoux
L'Affaire de la môme Moineau
Le Coréen

Chaplin *Michael*
Ballade pour un traître

Christie *Agatha*
Le Meurtre de Roger Ackroyd
Dix Petits Nègres
Les Vacances d'Hercule Poirot
Le Crime du golf
Le Vallon
Le Noël d'Hercule Poirot
Le Crime de l'Orient-Express
A.B.C. contre Poirot
Cartes sur table
Meurtre en Mésopotamie
Cinq Petits Cochons
Meurtre au champagne
Les Sept Cadrans
L'Affaire Prothero
Mister Brown
Le Couteau sur la nuque
La Mort dans les nuages
Cinq heures vingt-cinq
Mort sur le Nil
Je ne suis pas coupable
Un cadavre dans la bibliothèque
Pourquoi pas Evans?
L'Heure zéro
Un, deux, trois
N. ou M.?
Rendez-vous à Bagdad
Une poignée de seigle
La Maison biscornue
Le Train de 16 heures 50
Le Major parlait trop
Le Flux et le reflux
Témoin à charge
Les Indiscrétions d'Hercule Poirot
Drame en trois actes
Poirot joue le jeu
Les Pendules
Le Crime est notre affaire
Miss Marple au Club du mardi
Le Club du mardi continue
Rendez-vous avec la mort
Un meurtre sera commis le...
Trois souris...
Le Miroir se brisa
Le Retour d'Hercule Poirot
Le Chat et les Pigeons
Le Cheval pâle
La Nuit qui ne finit pas
Jeux de glaces
Allô, Hercule Poirot
Le Cheval à bascule
Pension Vanilos
Un meurtre est-il facile?
Mrs Mac Ginty est morte
Le Mystère de Listerdale
Destination inconnue
Témoin indésirable
Némésis
La Dernière Enigme
Associés contre le crime
Le Bal de la Victoire
A l'hôtel Bertram
Le Crime du golf

Delacorta
Vida
Lola

Dickinson *Peter*
L'Oracle empoisonné

Doyle *Sir Arthur Conan*
Sherlock Holmes : Étude en Rouge
suivi de Le Signe des Quatre
Les Aventures de Sherlock Holmes
Souvenirs de Sherlock Holmes
Résurrection de Sherlock Holmes
La Vallée de la peur
Archives sur Sherlock Holmes
Le Chien des Baskerville
Son dernier coup d'archet

Doyle *Sir A. Conan* et **Carr** *J.D.*
Les Exploits de Sherlock Holmes

Ellin *Stanley*
Miroir, miroir dis-moi

Exbrayat *Charles*
Chant funèbre pour un gitan
L'inspecteur mourra seul
Quel gâchis, inspecteur
Les Menteuses
La Honte de la famille
Encore vous, Imogène!
Quand Mario reviendra
Le Petit Fantôme de Canterbury
Avanti la mùsica!
Cet imbécile de Ludovic
Le plus beau des Bersagliers
Les Douceurs provinciales

Goodis *David*
La Lune dans le caniveau
Cassidy's girl
La Garce
Descente aux enfers

Hitchcock *Alfred* présente :
Histoires à ne pas lire la nuit
Histoires à faire peur
Histoires diablement habiles
Histoires à n'en pas revenir
Histoires macabres
Histoires angoissantes
Histoires piégées
Histoires riches en surprises
Histoires de mort et d'humour
Histoires troublantes
Histoires noires
Histoires médusantes
Histoires qui défrisent
Histoires à sang pour sang
Histoires pour tuer le temps
Histoires explosives
Histoires déroutantes
Histoires à corps et à crimes
Histoires avec pleurs et couronnes
Histoires à risques et périls
Histoires d'argent, d'armes et de voleurs
Histoires de la crème du crime

Irish *William*
Alibi noir
Rendez-vous mortel

James *P.D.*
La Proie pour l'ombre
L'Ile des morts
Meurtre dans un fauteuil
La Meurtrière
Un certain goût pour la mort
Sans les mains
Une folie meurtrière
Meurtres en blouse blanche
Mort d'un expert
A visage découvert

Jaouen *Hervé*
La Mariée rouge
Histoires d'ombres

Leblanc *Maurice*
Arsène Lupin, gentleman cambrioleur
Arsène Lupin contre Herlock Sholmès
La Comtesse de Cagliostro
L'Aiguille creuse
Les Confidences d'Arsène Lupin
Le Bouchon de cristal
813
Les 8 Coups de l'horloge
La Demoiselle aux yeux verts
La Barre-y-va
Le Triangle d'Or
L'Ile aux 30 cercueils
Les Dents du Tigre
La Demeure mystérieuse
L'Éclat d'obus
L'Agence Barnett et Cie
La Femme aux deux sourires
Les Trois Yeux
Le Formidable événement
Dorothée, danseuse de corde
Victor de la Brigade mondaine
La Cagliostro se venge

Leonard *Elmore*
La Loi de la cité
Un drôle de pèlerin
Gold Coast
La Brava
Bandits
D'un coup d'un seul

Leroux *Gaston*
Le fantôme de l'Opéra
Le Mystère de la chambre jaune
Le Parfum de la dame en noir
Le Fauteuil hanté

Lovesey *Peter*
Trois flics dans un canot
À chacun son Dew

Mcdonald *Gregory*
Flynn joue et gagne

Flynn se fâche
Flynn s'amuse

McGivern
Une question d'honneur

Millar *Margaret*
Un étranger dans ma tombe
D'entre les morts

Monteilhet *Hubert*
La Part des anges
Mourir à Francfort
Le Retour des cendres
Les Mantes religieuses

Raynal *Patrick*
Fenêtre sur femmes

Rendell *Ruth*
L'Analphabète
Le Lac des ténèbres
Ces choses-là ne se font pas
Le Jeune Homme et la mort
Un enfant pour un autre
La Demoiselle d'honneur
L'Homme à la tortue

Reouven *René*
L'Assassin du boulevard
La Raison du meilleur est toujours la plus forte

Steeman *Stanislas-André*
L'assassin habite au 21

Thomson *June*
Le Crime de Hollowfield
Champignons vénéneux
Claire... et ses ombres
La Mariette est de sortie

Topin *Tito*
Un gros besoin d'amour

Traver *Robert*
Autopsie d'un meurtre

Vachss *Andrew*
Flood

Vickers *Roy*
Service des affaires classées 1 - Un si beau crime
Service des affaires classées 2 - L'ennemi intime
Service des affaires classées 3 - Le Cercle fermé
Service des affaires classées 4 - Le Mort au bras levé

Wambaugh *Joseph*
Soleils noirs
Le Crépuscule des flics

IMPRIMÉ EN FRANCE PAR BRODARD ET TAUPIN
Usine de La Flèche (Sarthe).
LIBRAIRIE GÉNÉRALE FRANÇAISE - 6, rue Pierre-Sarrazin - 75006 Paris.
ISBN : 2 - 253 - 06115 - 8 30/4384/1